L'ASTIGMATISME

ET

LES VERRES CYLINDRIQUES

PAR

F.-C. DONDERS,
Professeur de physiologie et d'ophthalmologie à l'Université d'Utrecht,

TRADUIT DU HOLLANDAIS

PAR LE DOCTEUR H. DOR,
Médecin-oculiste à Vevey (Suisse).

Avec 15 Figures intercalées dans le texte.

PARIS
LIBRAIRIE MÉDICALE GERMER BAILLIÈRE
RUE DE L'ÉCOLE-DE-MÉDECINE, 17

Londres, H. BAILLIÈRE, 219, REGENT STREET. | **New-York,** BAILLIÈRE BROTHERS, 440, BROADWAY.

MADRID, CH. BAILLY-BAILLIÈRE, PLAZA DEL PRINCIPE ALFONSO, 16.

1862

L'ASTIGMATISME

ET

LES VERRES CYLINDRIQUES

BÉRAUD (B.-J.). **Atlas complet d'anatomie chirurgicale** topographique, pouvant servir de complément à tous les ouvrages d'anatomie chirurgicale, composé d'environ 100 planches représentant plus de 200 figures dessinées d'après nature, par M. Bion, et avec texte explicatif.

Première partie comprenant *les régions de la tête et du cou*, 37 planches formant 1 fort vol. in-4, cart., figures noires................ 18 fr.
Le même, figures coloriées.............................. 36 fr.
L'ouvrage complet coûtera, figures noires................ 50 fr.
— — figures coloriées............ 100 fr.

BOYER (Lucien). **Recherches sur l'opération du strabisme**. 1842-1844, 1 vol. in-8, avec 12 planches représentant 44 figures noires. 7 fr.
— Figures coloriées.................................. 10 fr.

CASTORANI. **De la kératite et de ses suites**. 1856, 1 vol. in-8. 3 fr.

CORNAZ. **Des abnormités congénitales des yeux et de leurs annexes**. 1848, in-8................................ 3 fr. 50

DESMARRES. **Traité théorique et pratique des maladies des yeux**, par M. le docteur L.-A. Desmarres, professeur de clinique ophthalmologique, etc. 1854-1858, 2e édition, 3 forts volumes in-8 avec 205 figures intercalées dans le texte................................ 23 fr.

FOURNIER. **Études cliniques sur les douches oculaires et la glace appliquées au traitement des phlegmasies de l'œil**. 1857, in-8, br.. 2 fr.

GUÉPIN. **L'œil et la vision**, étude physiologique. 1856, in-8. 1 fr. 50

GUÉPIN. **Nouvelles études théoriques et cliniques sur les maladies des yeux**, l'œil et la vision. 1er fascicule. 1857, in-8, br.. 2 fr. 50

JAMAIN. **Archives d'ophthalmologie**, comprenant les travaux les plus importants sur l'anatomie, la physiologie, la pathologie, la thérapeutique et l'hygiène de l'appareil de la vision. 1853-1856, 6 vol. in-8, fig. 20 fr.

LAWRENCE. **Traité pratique sur les maladies des yeux**, traduit de l'anglais avec des notes, et suivi d'un précis de l'anatomie pathologique de l'œil, par le docteur Billard (d'Angers). 1830, 1 vol. in-8.... 7 fr.

LEBLANC. **Traité des maladies des yeux**, observées sur les principaux animaux domestiques, principalement le cheval, contenant les moyens de les prévenir et de les guérir. 1824, 1 vol. in-8............ 7 fr.

LUSARDI. **Ophthalmie contagieuse**, 1831, in-8.......... 2 fr. 50

LUSARDI. **Essai physiologique sur l'iris, la rétine et les nerfs de l'œil**. 1831, in-8.................................. 2 fr. 50

SCARPA. **Traité des maladies des yeux**, traduit de l'italien, par MM. Bousquet et Bellanger. Paris, 1821, 2 vol. in-8, avec fig.. 5 fr.

TAVIGNOT. **Études cliniques** sur les maladies de la cornée, brochure in-8.. 1 fr. 25

TAVIGNOT. **Recherches sur les affections glaucomateuses**. 1856, br. in-8.. 1 fr. 25

Paris. — Imprimerie de L. MARTINET, rue Mignon, 2.

L'ASTIGMATISME

ET

LES VERRES CYLINDRIQUES

PAR

F.-C. DONDERS,

Professeur de physiologie et d'ophthalmologie à l'Université d'Utrecht,

TRADUIT DU HOLLANDAIS

PAR LE DOCTEUR H. DOR,

Médecin-oculiste à Vevey (Suisse).

Avec 15 Figures intercalées dans le texte.

PARIS

LIBRAIRIE MÉDICALE GERMER BAILLIÈRE

RUE DE L'ÉCOLE-DE-MÉDECINE, 17

Londres, H. BAILLIÈRE, 219, REGENT STREET. | **New-York,** BAILLIÈRE BROTHERS, 440, BROADWAY.

MADRID, CH. BAILLY-BAILLIÈRE, PLAZA DEL PRINCIPE ALFONSO, 16.

1863

1862

A

ALBERT DE GRAEFE

Que de pensées se pressent en moi, tandis que j'inscris votre nom en tête de cette dédicace !.

Je rappelle tout d'abord à mon souvenir les jours passés à Londres, pendant lesquels, épanchant librement les sentiments de nos cœurs et les conceptions de notre esprit, nous vîmes se développer cette amitié dont nous portions le germe au-dedans de nous. Je me reporte au soir d'une de ces journées mémorables, si riches en impressions diverses au milieu du tumulte de la capitale, où nous nous entretenions d'une manière à la fois si fraternelle et si instructive sous le toit hospitalier de WILLIAM BOWMAN, ou chez d'autres amis qui nous sont restés chers.

A peine je venais de vous serrer la main, que, rentrant à Berlin votre ville natale, vous y établissiez, comme par enchantement, le centre de l'oculistique. C'est là que s'ouvrit devant vous la brillante carrière que chacun entrevoyait pour vous, grâce à vos talents exceptionnels et à votre amour illimité pour la science et l'humanité.

Avec quelle profonde sympathie j'en fus le témoin !

Prêtre de l'art, dans le sens le plus élevé de ce mot, vous vous sentiez heureux dans la conscience de consacrer vos meilleures forces au soin de l'humanité.

Versé dans la connaissance des sciences exactes, doué d'un heureux talent d'observation, entouré et comme adoré d'une foule d'élèves qui ne vous aimaient pas moins comme homme qu'ils ne vous vénéraient comme maître, vous étiez là comme le modèle par excellence du professeur de clinique.

L'histoire de notre art chercherait en vain un second exemple d'un triomphe si rapide et si complet !

Mais, tout à coup, au plus haut de votre gloire, sur le point de voir se réaliser le plus cher de vos désirs, je vous retrouve couché sur un lit de douleur, rempli d'une profonde tristesse en songeant à toutes les belles illusions auxquelles vous étiez prêt à dire un éternel adieu. Plusieurs mois, l'ange de la mort sembla surveiller votre couche. Comment ne pas donner libre essor à notre joie, aujourd'hui que nous vous voyons rendu à la vie?

Dans ce travail que je viens vous offrir, vous trouverez la continuation de mes études sur la réfraction de l'œil, que sans cesse vous avez suivies avec intérêt.

Curieuse coïncidence ! Tandis que j'écrivais les premières lignes de ce mémoire, je fus interrompu par une lettre de votre main, me rappelant les jours anxieux que vous veniez de traverser, mais remplie déjà de l'expression d'une joyeuse espérance. Cette lettre était pour moi comme un symbole de votre nouvelle vie. Je l'avais devant moi, et, vous sentant à mes côtés, j'étais comme animé de votre esprit. C'est ce qui m'a rendu cher cet ouvrage, quelque faible qu'en soit le mérite. C'est pour cela aussi, noble ami, que je me suis senti poussé à vous le dédier. Il ne cessera de me rappeller ces jours pendant lesquels l'influence bienfaisante du ciel du Midi vous rendait de nouvelles forces. Puissiez-vous le considérer comme un faible témoignage de ma profonde joie, et puisse-t-il vous apporter les souhaits de mon cœur au printemps de cette nouvelle vie !

F.-C. DONDERS.

Utrecht, 8 avril 1862.

A MM. LES PROFESSEURS

A. DE GRAEFE

ET

F.-C. DONDERS

S'il est un travail ingrat, c'est à coup sûr celui du traducteur. Et pourtant cette traduction, que je livre aujourd'hui au public français, a été pour moi la source de bien des jouissances. Sans parler du sujet qui, en lui-même, m'a vivement intéressé, tant par sa nouveauté que par sa haute importance pratique, j'eus la satisfaction de constater, illustre professeur d'Utrecht, que vous connaissiez bien mes sentiments intimes, lorsque, pour m'engager à me charger de ce travail quelque peu difficile, vous m'écriviez que j'aurais d'autant plus de plaisir à le faire que vous vouliez le dédier à *notre* ami de Graefe.

Comme vous j'ai ressenti une vive joie à voir renaître ce professeur que tous nous chérissons, et je saisis aujourd'hui avec empressement l'occasion de le lui témoigner. Mais je suis heureux aussi d'unir votre nom au sien, car s'il est quelque chose qui puisse réjouir tous vos élèves, c'est de voir l'amitié sincère qui vous unit et que vous faites servir au plus grand avancement de la science. C'est à cette union personnifiée de la science pratique et de la science théorique par les liens de l'amitié, que nous sommes redevables de plusieurs des plus belles conquêtes de l'oculistique.

Que votre noble exemple trouve de consciencieux imitateurs !

Permettez-moi donc, chers et vénérés maîtres, de vous dédier à tous deux cette traduction malgré ses nombreuses imperfections. Vous serez indulgents, en tenant compte des difficultés d'une langue étrangère que j'ai étudiée dans le seul but de comprendre les ouvrages émanés de l'université d'Utrecht. Tel qu'il est, je vous offre ce travail comme un témoignage de la haute estime et de la sincère affection d'un de vos disciples, qui ne cessera d'apprécier infiniment le bonheur d'avoir été votre élève, mais qui s'honore bien plus encore d'être devenu votre ami.

H. DOR.

Vevey, 13 juillet 1862.

PRÉFACE.

Ces quelques pages traitent d'une asymétrie particulière du système dioptrique de l'œil, à savoir d'une différence dans la distance focale de ses divers méridiens. Cette anomalie n'est pas inconnue. Le célèbre Airy, astronome à l'observatoire royal de Greenwich, la découvrit sur son œil gauche, et, déjà en 1827, fit tailler pour la corriger un verre sphéro-cylindrique concave qui répondit tout à fait à son but. Après la découverte de ce premier cas, on en cita quelques autres, surtout en Angleterre; sur tout le reste du continent européen, un seul cas parvint à notre connaissance.

Les cas publiés furent fidèlement transcrits d'un livre dans l'autre et envisagés comme des *faits curieux*, trop rares pour avoir aucune importance pratique. Cette manière de voir reposait sur une erreur, erreur que j'ai partagée pendant des années, mais dont je suis revenu aujourd'hui. Depuis que j'ai dirigé mon atten-

L'ASTIGMATISME

ET

LES VERRES CYLINDRIQUES.

I

COUP D'ŒIL SUR LES ANOMALIES DE LA RÉFRACTION.

Le système réfringent de l'œil normal a, pendant le repos complet de l'appareil accommodateur, son foyer sur la rétine, et plus spécialement sur la surface extérieure de la couche sensible des bâtonnets. Des rayons parallèles, provenant d'objets infiniment éloignés, réfractés par les milieux transparents d'un tel œil, se réunissent exactement sur cette surface. Le point le plus éloigné de la vision distincte est par conséquent à l'infini, c'est-à-dire à la limite extrême de nos besoins. C'est pourquoi nous avons appelé *emmétrope* l'œil qui répond à ces conditions.

L'œil peut dévier de cet état idéal dans deux directions, et devenir *amétrope*.

Le foyer de l'appareil dioptrique peut être situé *en avant* ou *en arrière* de la surface extérieure de la couche des bâtonnets. Dans le premier cas l'œil est myope, brachymétrope; dans le second cas, il est hypermétrope.

Pour l'œil myope, le point le plus éloigné de la vision distincte est situé à certaine distance en avant de l'œil ; pour l'œil hypermétrope ce point est situé à certaine distance en arrière ; c'est-à-dire que, sans faire le moindre effort d'accommodation, l'œil myope réunit sur sa rétine les rayons partis en divergeant d'un point situé en avant de l'œil, tandis que pour l'œil hypermétrope ce sont les rayons qui convergent vers un point situé en arrière de l'œil.

La myopie et l'hypermétropie sont donc deux états opposés l'un à l'autre. Les deux aussi sont dus à une cause commune, à savoir, une modification de la longueur normale de l'axe optique : dans l'œil myope, il est plus long ; dans l'œil hypermétrope, il est plus court que dans l'œil emmétrope. La myopie et l'hypermétropie ont été réunies sous le nom collectif d'amétropie, par opposition à l'emmétropie.

La myopie a acquis une plus grande importance par l'étude exacte de ses rapports intimes avec diverses altérations pathologiques du fond de l'œil (staphylôme postérieur, scléro-choroïdite, atrophie, décollement de la rétine, extravasations sanguines, etc.). L'hypermétropie, qui n'a été bien comprise que tout dernièrement, doit attirer à un haut degré l'attention des oculistes, car elle est la cause du plus grand nombre des cas d'asthénopie et de strabisme convergent. Si de quelques côtés on a émis des doutes à ce sujet, cela tient au seul fait que l'on n'a pas réfléchi que, par un effort d'accommodation, l'hypermétropie peut devenir latente. Si l'on paralyse l'accommodation par un agent mydriatique, tous les doutes disparaissent : l'hypermétropie doit alors nécessairement être tout entière manifeste. On reconnaît l'hypermétropie lorsque les objets *éloignés* deviennent plus *nets* à l'aide de verres *positifs*; la myopie, au contraire, lorsque *la netteté de la vision à distance* augmente à l'aide de verres *négatifs*.

La distance focale des verres qu'il faut ajouter pour corriger l'amétropie et rendre l'œil emmétrope, détermine le degré de l'amétropie. Le pouvoir dioptrique d'une lentille, ou sa force, est inversement proportionnel à sa distance focale F. On peut donc l'exprimer par $\frac{1}{F}$. La valeur F s'exprime en pouces de Paris. Si donc nous disons que la force d'une lentille $= \frac{1}{6}$, $\frac{1}{8}$, etc., cela veut dire que ce sont des lentilles dont la distance focale *positive* est à 6, à 8 pouces de Paris, etc. ; des lentilles de $-\frac{1}{10}$, $-\frac{1}{20}$ sont des lentilles de 10, de 20 pouces de distance focale négative. Nous exprimons pareillement l'amétropie. Myopie $M = \frac{1}{9}$ signifie qu'un verre de 9 pouces de Paris de distance focale *négative* est nécessaire pour neutraliser la myopie et faire place à l'emmétropie. Hypermétropie $H = \frac{1}{12}$ est un degré d'amétropie que l'on corrige au moyen d'une lentille de 12 pouces de distance focale positive.

L'amétropie ou les anomalies de la réfraction tiennent donc, d'après ce qui précède, à deux états opposés, la myopie ou l'hypermétropie. Toute anomalie de la réfraction appartient à l'une ou à l'autre de ces deux catégories.

Cependant il se présente des cas où la réfraction n'est pas la même dans les divers méridiens de l'œil. Dans un méridien l'œil peut être emmétrope, tandis qu'il est amétrope dans l'autre; il peut, dans ses divers méridiens, varier quant au degré, et même quant à la nature de l'amétropie.

L'asymétrie sur laquelle reposent ces différences est

propre à tous les yeux. Généralement elle existe à un si faible degré, que la netteté de la vision n'en souffre pas sensiblement. Mais, par exception, elle devient considérable et occasionne une aberration des rayons lumineux qui porte préjudice à l'acuité de la vision.

Cette aberration peut être appelée *astigmatisme*. Elle fait le sujet des pages suivantes.

Une distinction sévère entre les anomalies de la réfraction et de l'accommodation est nécessaire, parce que les notions de la réfraction et de l'accommodation diffèrent en nature et en principe. La réfraction de l'œil est la déviation que subit la lumière dans l'état de repos, la propriété que le système dioptrique possède, grâce à sa forme, indépendamment de toute action musculaire, de toute accommodation. L'accommodation au contraire repose sur les changements que la réfraction peut subir par l'action de muscles volontaires. *La distance du point le plus éloigné de la vision distincte* R répond au repos complet de l'accommodation. Lorsque celle-ci commence, l'œil est adapté pour des distances de plus en plus petites, jusqu'à la distance P du point *le plus rapproché de la vision distincte.*

Il en résulte que la réfraction dépend de l'état anatomique et physique du système dioptrique, tandis que l'accommodation dépend de l'action physiologique des muscles.

La réfraction de l'œil est connue par la détermination de R. Si, en outre, on a déterminé P, on a toutes les données pour trouver la *latitude de l'accommodation.* On l'exprime comme suit :

$$\frac{1}{A} = \frac{1}{P} - \frac{1}{R}.$$

Dans cette formule, A est la distance focale d'une lentille additionnelle que le système dioptrique peut s'ajouter par le moyen de l'accommodation. On suppose maintenant que cette lentille additionnelle est située dans l'air, et que son point nodal antérieur correspond au point nodal antérieur du système dioptrique de l'œil. C'est pourquoi aussi on mesure les distances R et P du point le plus éloigné r, et du plus rapproché p de la vision distincte, jusqu'au point nodal antérieur de l'œil, situé environ à $\frac{1}{4}$ pouce en arrière de la cornée.

C'est dans ce même point nodal que l'on suppose située la lentille additionnelle, qui, comme nous l'avons vu plus haut, corrige l'amétropie ; par conséquent, pour déterminer le degré de la myopie et de l'hypermétropie, on calcule pareillement depuis r jusqu'à ce même point nodal. Deux exemples feront mieux comprendre notre pensée.

Si un œil myope a son point le plus éloigné de la vision distincte à l'infini, lorsqu'il se sert d'un verre $-\frac{1}{6}$, placé à $\frac{1}{2}''$ en avant du sommet de la cornée, c'est-à-dire à $\frac{3}{4}''$ en avant du point nodal antérieur, sa myopie $= 1 : 6\frac{3}{4}$. Cela veut dire que les rayons doivent partir d'un point situé à $6\frac{3}{4}''$ en avant du point nodal antérieur pour se réunir sur la rétine ; ou bien encore que, pour corriger la myopie, il faudrait qu'avec le susdit point nodal coïncidât le point nodal antérieur d'une lentille additionnelle située dans l'air $= -1 : 6\frac{3}{4}$.

Qu'un œil hypermétropique ait le point le plus éloigné de sa vision distincte à l'infini au moyen d'un verre $= 1 : 7\frac{1}{2}$, situé à $\frac{1}{4}''$ en avant de la cornée, c'est-à-dire $\frac{1}{2}''$ en avant du point nodal antérieur : des rayons parallèles, tombant sur la lentille, se réuniraient alors, abstraction faite de l'œil, à $7''$ en arrière du point nodal ; par conséquent une lentille de $\frac{1}{7}$, dont le point nodal antérieur coïnciderait avec celui du système dioptrique de l'œil, neutraliserait l'amétropie : il existe donc une $H = \frac{1}{7}$.

Les anomalies de l'accommodation sont les crampes et la paralysie des muscles accommodateurs. Si la presbyopie pouvait être appelée une anomalie, elle rentrerait dans les anomalies de l'accommodation, car elle repose sur une diminution de la latitude de l'accommodation. Mais cette diminution elle-même est un phénomène normal de développement, et elle augmente régulièrement avec les années.

L'astigmatisme, dont nous avons à nous occuper, n'a rien de commun avec l'*accommodation* et ses anomalies. Nous pouvons donc maintenant les laisser de côté. Une simple différence de *réfraction* dans les divers méridiens du système dioptrique de l'œil, et en conséquence de cela, un degré différent d'amétropie dans les divers méridiens, voilà ce qui caractérise l'astigmatisme.

J'ai traité plus en détail des anomalies de la réfraction dans : *Nederlandsch Tijdschrift voor geneeskunde*, D. II, 1858, p. 465 et suiv. ; — *Archiv f. Ophthalmologie*, publ. par ARLT. DONDERS et DE GRAEFE, vol. IV, VI et VII ; — *Ametropie en hare gevolgen*. Utrecht, 1860.

Un aperçu en a été donné par le docteur DOR, dans le *Journal de la physiologie de l'homme et des animaux*, du docteur BROWN-SÉQUARD, sous le titre : *Des différences individuelles de la réfraction de l'œil*.

II

ABERRATIONS DE LA LUMIÈRE EN GÉNÉRAL.

Les rayons lumineux qui, suffisamment prolongés dans une direction, viennent tous se réunir en un point, forment une lumière *homocentrique* (1) : ils ont un centre commun. Les rayons lumineux qui divergent en provenant d'un seul point d'un objet sont donc homocentriques ; un faisceau de rayons parallèles émanés d'un point situé à une distance infinie est également homocentrique. Ainsi les rayons qui

(1) LISTING, *Beitrag zur physiol. Optik*. Göttingen, 1845.

émanent d'un objet quelconque et frappent la cornée forment des cônes de lumière homocentrique. Seulement, lorsque, entre l'objet et l'œil, les rayons sont, par une cause quelconque, plus ou moins déviés de leur direction primitive, la lumière cesse d'être homocentrique.

En général, on peut dire que la lumière homocentrique, réfractée par une surface sphérique, reste homocentrique, c'est-à-dire que les rayons se réunissent de nouveau en un point en arrière de la surface réfringente, ou qu'ils continuent dans la direction qu'ils auraient s'ils provenaient directement d'un point situé en avant de cette surface.

Toutefois l'homocentricité n'est pas restée parfaite. Les rayons, en effet, ne sont plus dirigés exactement sur un point, mais seulement approximativement. Cette déviation de l'homocentricité a reçu le nom d'aberration, et l'on distingue ici deux *aberrations* d'origine différente, l'aberration *chromatique* et la *sphérique*. La première dépend de la nature de la lumière ; la seconde de la forme de la surface réfringente.

L'aberration chromatique tient à une différence dans la réfrangibilité des rayons lumineux. Les rayons qui, parallèles à l'axe de la surface réfringente, frappent cette surface sphérique à une même distance de son axe, ne subissent pas d'aberration par suite de la sphéricité et devraient donc se réunir parfaitement dans un seul point s'ils étaient tous de même nature. Par contre, les rayons de nature différente ont leur foyer sur l'axe, mais à diverses distances ; celui des rayons violets et bleus est plus rapproché, celui des rayons rouges se trouve à une distance plus éloignée. Le système dioptrique de l'œil présente aussi nécessairement cette aberration chromatique. Cependant, dans les circonstances ordinaires, elle ne diminue pas sensiblement la netteté de la vision (1). Nous la laissons de côté, vu qu'elle n'est point intimement liée à notre sujet.

Les rayons dont les ondulations ont une même longueur, et qui par conséquent ont une égale réfrangibilité, forment une lumière homogène; elle est aussi de même couleur, c'est pourquoi on l'a appelée *monochromatique*. Si des rayons pareils tombent parallèlement et en même temps à égale distance de l'axe d'une surface sphérique, ils sont réfractés également, et se rapprochent ou s'éloignent de l'axe tout en restant dirigés vers un seul point : l'homocentricité est parfaite. Mais si, bien que tout à fait parallèles, ils tombent sur la surface à diverses distances de son axe, ils cessent alors de se diriger exactement vers un point; plus ils frapperont la surface loin de son axe, plus leur point d'intersection avec l'axe se rapprochera de la surface réfringente. C'est cette déviation que l'on a appelée *aberration sphérique*: c'est l'*aberration monochromatique* (c'est-à-dire aberration de rayons de même couleur) propre à la réfraction sur une surface sphérique.

Le système dioptrique de l'œil a également une aberration monochromatique. Elle est très considérable et excessivement compliquée. Pour notre but, nous devons distinguer :

a. Une aberration par rapport aux rayons réfractés dans un même méridien.

b. Une aberration tenant à des différences dans la distance focale des divers méridiens du système dioptrique.

Nous ne traiterons ici de la première que tout à fait en passant.

(1) Helmholtz, *Physiolog. Optik*, dans *Allgemeine Encyclopädie der Physik*, publié par G. Karsten. Leipzig, 1856, 1 livr., p. 137 et suiv.

La dernière est le sujet dont nous aurons à nous occuper par la suite.

a. Premièrement les rayons qui, en avant de l'œil, sont situés dans le même plan que l'axe visuel, et sont par conséquent réfractés dans un méridien déterminé, ne se réunissent pas exactement en un même point. La cornée déjà cause une légère aberration, mais le cristallin l'augmente et la complique d'une manière toute particulière. Quant à la cornée, toutes les sections de ses méridiens sont à peu près des ellipses (1), et par conséquent l'aberration est très peu considérable ; cependant l'excentricité des ellipses est trop faible pour corriger *complétement* l'aberration, même pour des rayons parallèles. La lumière, déjà quelque peu astigmatique, est ensuite réfractée par le cristallin. Ici la déviation est si compliquée et les différences individuelles si considérables, que nous ne saurions entrer dans les détails particuliers à chaque cas. Il suffira de faire observer que, d'abord, les surfaces réfringentes du cristallin ne sont point parfaitement centrées avec celle de la cornée, puis, que dans les divers secteurs du cristallin, même pour ceux qui sont situés dans un même méridien, la réfraction n'est point complétement la même, de sorte que chaque secteur forme une image qui ne correspond point exactement avec celle du secteur opposé ; enfin, chaque image partielle de chaque secteur a déjà elle-même son aberration. On peut vérifier la vérité de tous ces faits en étudiant méthodiquement les images multiples de très petits objets pour lesquels on n'accommode point parfaitement (2).

(1) Knapp, *Die Krümmung der Hornhaut des menschlichen Auges.* Heidelberg, 1859, p. 29.

(2) *Ametropie en hare gevolgen*, p. 108 et suiv.

Tout cela prouve que l'aberration est très compliquée, même dans un seul et même méridien. Malgré cela, elle est ordinairement excessivement faible. A la distance focale exacte, la lumière monochromatique, homocentrique et réfractée dans le même méridien, forme une tache de dispersion si petite et si faible à sa périphérie, que, quoiqu'elle soit très visible, lorsqu'elle provient de l'irradiation d'un point lumineux, elle ne nuit en rien, dans les circonstances ordinaires, à la netteté de la vision. Nous pouvons donc considérer cette tache comme un point, et négliger dorénavant l'aberration des rayons dans un seul et même méridien, aberration qui du reste n'est pas susceptible de corrections (*astigmatisme irrégulier*), pour ne nous occuper que de :

b. L'aberration qui résulte de l'inégalité du système dioptrique dans ses différents méridiens, ou de l'*astigmatisme régulier*.

Le révérend docteur WHEWELL a, comme nous l'apprend MACKENZIE (1), donné le nom d'*astigmatisme* à l'affection qu'AIRY avait décrite pour son œil gauche. Le mot est dérivé de α privatif, et de στίγμα, de στίζω, *pungo*, et doit signifier que les rayons partis d'un point ne se réunissent plus en un seul point. Toute aberration monochromatique peut ainsi s'appeler astigmatisme, et c'est de cette manière que je l'ai désignée dans mon ouvrage sur l'amétropie. Pour autant que l'aberration tient à une différence dans la courbure des divers méridiens, l'astigmatisme est *régulier* et susceptible de correction. Il est au contraire *irrégulier*, lorsqu'il s'agit des irrégularités appartenant à un seul et même méridien, lesquelles dépendent surtout du cristallin et donnent lieu à la polyopie monoculaire, etc. — Dans la suite, le mot astigmatisme, employé sans autre distinction plus précise, signifiera toujours l'astigmatisme régulier.

(1) MACKENZIE, *A practical Treatise on the diseases of the eye*. London, 1854, p. 927.

III

ASTIGMATISME RÉGULIER DANS L'ŒIL NORMAL.

Si l'on détermine successivement le point le plus éloigné auquel on distingue nettement des fils très fins ou des lignes très fines, placés d'abord horizontalement, puis verticalement, on obtient des résultats différents. La plupart des yeux trouvent pour les lignes horizontales une distance plus courte que pour les verticales. — La même différence se retrouve lorsque l'on détermine le point le plus rapproché de la vision distincte.

Ces essais doivent être faits séparément pour chaque œil.

Pour obtenir des distances que l'on puisse lire sur l'optomètre, on fera, si cela est nécessaire, usage d'une lentille positive, en ayant bien soin que son axe corresponde à l'axe de l'œil.

Deux fils, l'un vertical, l'autre horizontal, qui se croisent dans un même plan, ne sont point vus distinctement en même temps. Si l'on voit nettement le fil horizontal, il faudra, pour qu'il soit vu avec la même netteté, éloigner le vertical de l'œil; mais si l'on accommode pour le fil vertical, il faudra au contraire rapprocher de l'œil le fil horizontal pour obtenir la même netteté. Cette différence persiste, quel que soit le degré de tension de l'appareil accommodateur.

Ces faits démontrent que les points de la surface réfringente ne sont point disposés symétriquement autour d'un axe. La symétrie est de telle nature que la distance focale est plus courte dans les méridiens verticaux que dans les horizontaux. En effet, pour voir nettement une ligne verticale, il faut que les rayons, qui divergent dans un plan horizontal d'un point quelconque de cette ligne, viennent se réunir sur la rétine. Il n'est point nécessaire que ceux qui divergent dans un plan vertical se réunissent également déjà en un point, attendu que les images diffuses qui existent encore dans la direction verticale se couvrent les unes les autres sur la ligne verticale.

Vice versâ, pour voir nettement une ligne horizontale, il faut seulement que les rayons qui divergent dans un plan vertical se réunissent en un point sur la rétine. Or, comme nous l'avons dit, les lignes horizontales sont vues nettement à une distance plus courte que les verticales ; il en résulte que les rayons situés dans un plan vertical qui sont réfractés dans le méridien vertical de l'œil, se réunissent plus vite que ceux de même divergence situés dans un plan horizontal. La section méridienne verticale a donc une distance focale plus courte que l'horizontale.

L'exactitude de cette manière de voir ressort, en outre, de la forme des cercles de dispersion d'un point lumineux. En accommodant exactement, la tache de dispersion est très petite et à peu près ronde, tandis qu'un point plus rapproché paraît allongé dans le sens de la largeur, un point plus éloigné, au contraire, dans le sens de la hauteur.

Il est nécessaire de bien comprendre la signification de ce phénomène, aussi nous en donnerons une explication plus détaillée. Qu'on suppose la déviation totale de la lumière dans l'œil produite par une seule surface réfringente convexe présentant un rayon de courbure plus petit dans le méridien vertical, plus grand dans l'horizontal. Ces deux méridiens sont les méridiens principaux. Que d'un point situé sur le prolongement de l'axe visuel il tombe sur cette surface un cône lumineux au travers d'une ouverture centrale ronde (fig. 1, *vv'*, *hh'*); nous considérerons dans ce cône seulement les rayons situés dans le plan vertical *vv'* et les rayons situés dans le plan horizontal *hh'*, et dans chaque plan les points *vv'* et *hh'* désigneront les rayons les plus extérieurs. Après la réfraction, les uns et les autres se rapprochent de l'axe visuel (lequel, étant perpendiculaire au plan de la figure, passe par le point *a*), mais *vv'* plus vite que *hh'*. Avant leur réunion, une section du cône lumineux aurait la forme représentée dans fig. 2, A; et lorsque (fig. 2, B) *v* et *v'* se confondent en un point, *h* et *h'* ne sont point encore réunis.

FIG. 1.

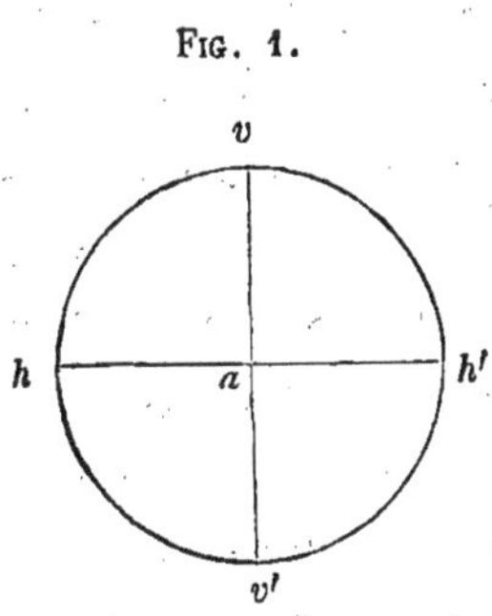

FIG. 2.

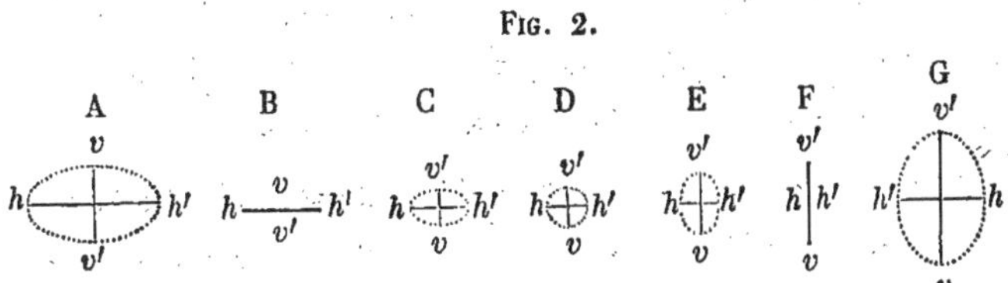

Puis on trouve *v* et *v'* déjà croisés, et *h*, *h'* encore plus rapprochés l'un de l'autre (C, D et E); ensuite, quand *h* et *h'* tombent sur le même point, *v* et *v'* s'éloignent toujours plus l'un de l'autre (F); enfin les deux sont croisés (G). Le foyer *vv'* est donc le plus en avant, celui de *hh'* le plus en arrière sur l'axe. L'espace contenu entre ces deux points peut porter le nom d'*intervalle focal de* STURM.

La figure ci-dessus représente les formes successives que doivent présenter les sections du cône lumineux. Elle sera presque ronde dans le milieu de l'intervalle focal D ; plus en avant, elle aura la forme d'une ellipse horizontale C, dont l'excentricité augmentera jusqu'à ce qu'elle soit devenue une ligne horizontale B ; en arrière, au contraire, une ellipse verticale E deviendra petit à petit une ligne verticale F. Au delà des limites de l'intervalle focal, on trouvera en avant une ellipse plus grande et horizontale A, en arrière une ellipse verticale également plus grande G.

Comme nous l'avons vu, les images de dispersion de l'œil présentent, en général, les mêmes caractères. On peut donc les expliquer, si l'on considère le système dioptrique de l'œil comme une seule surface réfringente avec des rayons de courbure différents dans ses divers méridiens, et l'on verra que nous avons le droit de l'admettre. Puis, dans le cas de réfraction sur une surface pareille, la forme des cercles de dispersion explique complétement ce que nous avons décrit précédemment au sujet des diverses distances auxquelles on voit nettement des lignes de direction différente. Des lignes horizontales et verticales paraîtront nettes lorsque toutes les images de dispersion de chacun des points de la ligne sont de petites images linéaires horizontales ou verticales, qui se couvrent l'une l'autre sous forme d'une seule ligne. Et tel sera le cas lorsque le commencement ou la fin de l'intervalle focal correspondra à la surface percipiente de la rétine.

Pour faciliter la démonstration, nous avons admis jusqu'ici que le maximum de courbure correspond au méridien vertical, le minimum à l'horizontal. C'est à peu près ce que l'on observe en réalité. Cependant cette règle, surtout s'il s'agit de faibles degrés d'astigmatisme, souffre de nombreuses exceptions. Souvent la déviation de la direction habituelle est très considérable. Il arrive même quelquefois que le maximum de courbure correspond à peu près au méridien horizontal, le minimum au vertical. C'est ce que Thomas Young, qui, le premier, découvrit l'astigmatisme, trouva pour son propre œil, et nous-même nous avons observé plusieurs cas pareils.

Il n'est, en général, pas difficile de déterminer la direction des méridiens principaux (ceux du maximum et du minimum de courbure). Dans les essais, décrits plus haut, pour reconnaître l'existence de l'astigmatisme, nous en avons donné le moyen. Si l'on avait une conscience assez précise de son accommodation, pour pouvoir indiquer exactement quelles lignes de la figure ci-contre sont vues tout à fait nettement à une même distance pendant le maximum, lesquelles pendant le minimum d'effort de l'accommodation, on connaîtrait par cela même la direction du maximum et celle du minimum de courbure. Mais cette appréciation est rarement très exacte.

Fig. 3.

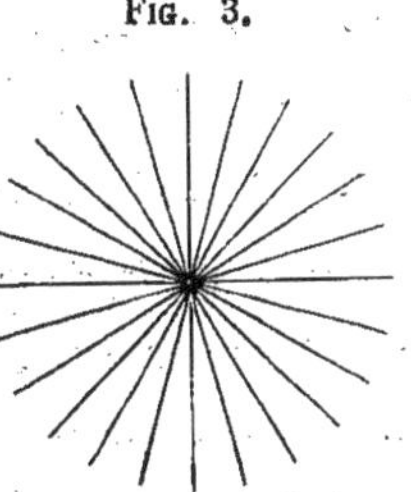

Nous avons un moyen beaucoup plus sûr dans la direction dans laquelle se prolongent les images de dispersion d'un point lumineux au delà et en deçà des limites de la vision distincte. La tête droite et l'œil préalablement rendu, au moyen de verres, myope d'environ $\frac{1}{9}$; que l'on place un point lumineux (par exemple, une ouverture très petite dans un écran noir, tournée du côté du ciel ou contre le globe d'une lampe) dans un plan horizontal alternativement *en deçà* et *au delà* des limites de la vision distincte;

ce point apparaîtra dans ces deux positions, prolongé dans deux directions opposées, de telle sorte que dans la première position, la plus grande dimension correspondra à la direction du minimum de courbure, dans la seconde position à celle du maximum.

Le résultat est encore plus exact, lorsque l'on fait regarder à l'œil rendu préalablement légèrement myope (environ $\frac{1}{60}$), au moyen d'un verre dont l'axe corresponde à l'axe visuel, un point lumineux éloigné (une petite ouverture ronde dans un écran noir), et qu'alors on ajoute et enlève alternativement un verre négatif (par exemple $-\frac{1}{30}$). L'image de dispersion apparaît alors chaque fois prolongée dans deux directions opposées, avec $-\frac{1}{30}$ dans la direction du méridien du minimum de courbure, sans ce verre dans celle du maximum de courbure. En enlevant et replaçant le verre rapidement plusieurs fois de suite, les deux images (par la persistance des impressions) sont vues continuellement et ensemble, et présentent chez quelques personnes la forme d'une croix. Cette expérience est en même temps très utile pour déterminer les légers degrés d'astigmatisme. L'absence complète d'astigmatisme, si jamais on l'observe, est à coup sûr excessivement rare. Cependant l'existence de l'astigmatisme peut quelquefois être mise en doute, même après l'expérience décrite plus haut, lorsque l'astigmatisme *irrégulier* est développé outre mesure, et que par suite les images de dispersion sont très compliquées. Mais, même pour ces cas-là, une expérience, que nous décrirons plus tard (à l'aide d'un verre légèrement cylindrique), fut chaque fois décisive et donna toujours un résultat positif.

C'est principalement dans la cornée qu'il faut chercher

la cause de l'astigmatisme régulier. De nombreuses mensurations ont prouvé que la cornée a un rayon de courbure différent dans ses divers méridiens ; et, ce qui est vrai pour l'ensemble du système dioptrique, à savoir, que le maximum de courbure correspond presque toujours au méridien vertical, est également vrai pour la cornée considérée séparément. Il est donc prouvé, d'abord, que la cornée, par sa forme, cause de l'astigmatisme, puis, lors même que le cristallin n'est pas sans influence, que l'action de la cornée l'emporte ordinairement.

Le cristallin est la cause de l'astigmatisme irrégulier. C'est à lui qu'est due la polyopie unioculaire, ainsi que le rayonnement des images diffuses d'un point lumineux. La preuve directe en est que dans les cas d'aphakie, lorsque le cristallin est totalement enlevé de l'œil, tous ces phénomènes d'astigmatisme irrégulier ont disparu. Je m'en suis convaincu dans de nombreux cas. Lorsqu'il y avait aphakie, les limites de l'intervalle focal et les formes successives des images de dispersion (fig. 2) furent toujours indiquées avec une précision, une exactitude qui répondait aux plus sévères exigences de la théorie.

Toutefois le cristallin modifie aussi l'astigmatisme régulier, soit à cause de la forme de ses surfaces, soit par une position oblique. C'est pourquoi l'astigmatisme régulier de tout le système ne répond exactement ni pour sa direction, ni pour son degré, à la forme de la cornée. Un cas remarquable sera rapporté plus bas, dans lequel un astigmatisme considérable de la cornée fut presque complétement corrigé par une action opposée du cristallin. — Par contre, le cristallin peut aussi agir dans le même sens que la cornée, et ainsi augmenter l'astigmatisme.

On peut produire une déviation pareille à celle de l'astigmatisme régulier, en ajoutant une lentille cylindrique à une lentille sphérique ordinaire. Il est très instructif de démontrer sur un écran les phénomènes qui se produisent alors. Une surface réfringente cylindrique produit une déviation dans le plan perpendiculaire à l'axe du cylindre. Dans les plans situés dans l'axe du cylindre, les rayons ne changent pas de direction. Une lentille positive à courbure cylindrique réunit donc la lumière parallèle homocentrique en une ligne dont la direction est la même que celle de l'axe du cylindre. Si maintenant on combine une faible lentille cylindrique positive avec une forte lentille sphérique, de manière que l'axe de cette dernière coupe à angle droit l'axe horizontalement dirigé du cylindre, alors d'entre les rayons primitivement parallèles, ceux qui sont situés dans le méridien vertical convergeront par l'action de la lentille cylindrique et se réuniront à une plus courte distance en arrière de la lentille que les rayons situés dans le méridien horizontal, sur la direction desquels le verre cylindrique n'a aucune influence. Il en résulte que, au point de réunion de ces derniers rayons, les rayons déjà croisés du méridien vertical doivent se trouver sur une ligne transversale, et que, par contre, au point de réunion de ces derniers, les rayons non encore réunis du méridien horizontal doivent former une ligne verticale. Nous obtenons ainsi, comme par la réfraction par une surface asymétrique, un intervalle focal limité par deux images de dispersion linéaires et perpendiculaires l'une sur l'autre. Et de plus, si les rayons tombent sur les lentilles après avoir traversé une ouverture ronde et centrale, les images de dispersion formées dans la longueur de l'intervalle focal répondent à celles que nous avons représentées plus haut (fig. 2).

L'astigmatisme résultant d'une lentille cylindrique positive peut être corrigé par une seconde lentille de même distance focale, tant par une lentille négative dont l'axe serait parallèle que par une positive, mais dont l'axe serait perpendiculaire à celui de la première lentille. C'est de la même manière que l'astigmatisme de l'œil peut être corrigé par une lentille cylindrique; et, d'après le principe énoncé dans le paragraphe 1er, pour la détermination du degré des anomalies de la réfraction, la distance focale de la lentille cylindrique nécessaire détermine le degré de l'astigmatisme. Il est inversement proportionnel à la distance focale, exprimée en pouces de Paris, de la lentille corrective.

Aussi longtemps que l'astigmatisme ne diminue en rien l'acuité de la vision, nous le nommons normal. Il est anormal dès qu'il cause des troubles fonctionnels. Il faut le considérer comme anormal dès qu'il équivaut à $\frac{1}{40}$ ou davantage.

Thomas Young (1) reconnut le premier, sur son propre œil, l'asymétrie du système dioptrique de l'œil. Ce naturaliste savant et distingué, dont Helmholtz a le premier apprécié, à leur juste valeur, les éclatants services pour l'optique physiologique, était lui-même myope. En relâchant complétement son œil, par conséquent en déterminant le point le plus éloigné de sa vision distincte, il voyait, sur son optomètre tenu horizontalement, les doubles images du fil se croiser à 7 pouces de l'œil; à 10 pouces, au contraire, lorsqu'il le tenait verticalement. Cela démontre, en réduisant en pouces

(1) *Philos. Transactions*, for 1793, t. LXXXIII, p. 169, et *Miscellaneous works*, of the late Thomas Young, edited by Peacock. Londres, 1855, t. I, p. 26.

de Paris les pouces anglais, un astigmatisme $= \frac{1}{25}$, et nous devons nous étonner que YOUNG, comme il le déclare lui-même, n'en ait pas été incommodé. L'opticien CARY, à qui YOUNG communiqua sa découverte, lui déclara avoir déjà observé plusieurs fois que des myopes distinguaient beaucoup plus nettement lorsqu'ils tenaient les verres dont ils avaient besoin dans une certaine position déterminée oblique par rapport à l'œil : on peut, en effet, de cette manière, surtout si les verres nécessaires sont forts, corriger un certain degré d'astigmatisme.

YOUNG étudia déjà la forme des images de dispersion et en donna une figure. Il attribua au cristallin la cause de l'astigmatisme, parce qu'il persistait lorsqu'il plongeait sa cornée dans l'eau et qu'il remplaçait son action par une lentille convexe. Il admit comme cause une obliquité du cristallin, et il crut même pouvoir conclure, de la forme des images de dispersion d'un point lumineux, que les deux surfaces de son cristallin n'étaient pas centrées.

L'œil de YOUNG était donc une exception à deux points de vue : la réfraction était plus forte dans le méridien horizontal que dans le vertical, et la cause de l'astigmatisme résidait dans son cristallin.

FICK (1) trouve, dans son propre œil, un astigmatisme de $\frac{1}{319}$. HELMHOLTZ (2) de $\frac{1}{119}$; BRUECKE, à ce que je crois, ne put en constater d'appréciable. Sur mon œil droit il est $= \frac{1}{100}$; sur mon œil gauche, $\frac{1}{95}$. La plupart des yeux qui voient distinctement n'en ont pas plus que $\frac{1}{140}$ à $\frac{1}{60}$. S'il est plus considérable, la vision en souffre déjà dans quelques circonstances (voy. le § suiv.).

La théorie de la réfraction par des surfaces asymétriques a déjà été développée il y a plusieurs années par STURM (3). Il fit

(1) *Zeitschrift für rationnelle Medizin*, N. F., VI, p. 83.

(2) *Physiol. Optik.*, loc. cit., p. 145.

(3) *Comptes rendus de l'Académie des sciences*, t. XX, p. 554, 761, 1238, et POGGENDORFF's *Annalen*, vol. LXV, 116. — Voyez aussi FICK, *Mediz. Physik.*, p. 327, d'où est empruntée la figure ci-dessus.

observer que lorsqu'un faisceau de lumière homocentrique tombe sur une portion très petite et limitée par une ligne circulaire, (fig. 4, *o*) d'une surface convexe asymétrique, il ne reste point homocentrique après la réfraction; mais que le faisceau de rayons réfractés est enveloppé par une surface gauche, laquelle est limitée autant par la petite ouverture que par deux lignes droites *hh'* et *vv'* qui se croisent dans l'espace et ne sont pas situées dans le même plan. Si l'on suppose *hh'* dans le plan de la figure, il faut considérer *vv'* comme la projection d'une ligne perpendiculaire à ce plan. L'espace compris entre *hh'* et *vv'* est l'intervalle focal de STURM.

FIG. 4.

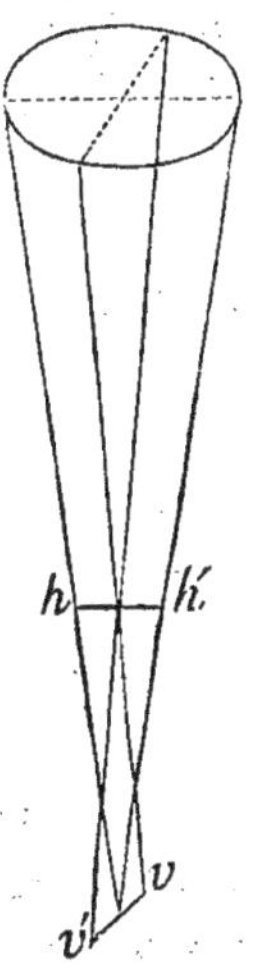

Nous avons fait observer plus haut que les formes des images de diffusion du système dioptrique de l'œil répondent, sauf quelques modifications particulières, à toutes les exigences de la théorie énoncée ci-dessus. Il faut maintenant examiner de plus près en quoi consiste l'asymétrie de ce système dioptrique.

D'abord la cornée est asymétrique. On peut, comme l'ont démontré de nombreuses mensurations, la considérer comme le segment du sommet d'un ellipsoïde à trois axes inégaux. Le grand axe répond à l'axe visuel; les deux petits axes sont en général situés à peu près horizontalement et verticalement. Toutes les coupes méridiennes menées par le grand axe sont approximativement des ellipses, mais dont l'excentricité varie, ainsi que le rayon de courbure (1). Le maximum et le minimum du rayon de courbure correspondent aux méridiens principaux menés par le grand axe et un des petits axes, le maximum presque toujours au méridien principal horizontal, le minimum au vertical. Or, la théorie de

(1) Voyez KNAPP, *loc. cit.*

STURM s'applique à un pareil ellipsoïde. Nous avons démontré plus haut que dans ce cas on doit obtenir un intervalle focal, et nous avons vu quelles formes successives présentent les sections verticales de cet intervalle. Nous croyons devoir reproduire ici l'exposition plus détaillée qu'en donne HELMHOLTZ. Soit (fig. 5) la ligne

FIG. 5.

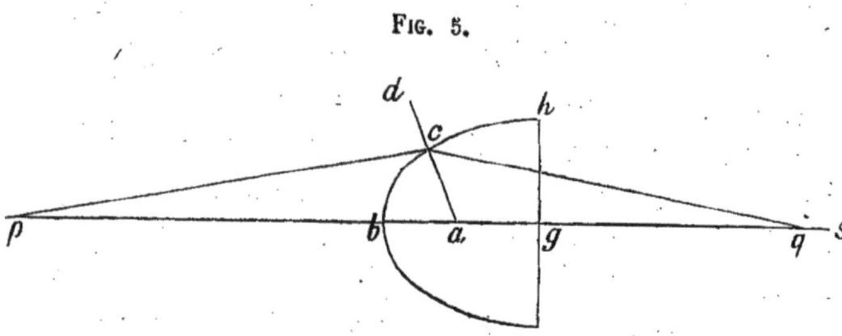

gb un axe de l'ellipsoïde, sur le prolongement duquel en *p* se trouve le point lumineux. Soit le plan du dessin une section *principale* de l'ellipsoïde, de telle sorte qu'un *second* axe *gh* soit également situé dans ce plan. Les normales de tous les points d'une surface ellipsoïdique qui sont contenus dans une *section principale* sont également situées dans la section principale de l'ellipsoïde. Et, vu qu'un rayon réfracté reste dans le plan dans lequel il se trouvait ainsi que la normale, les rayons situés dans une section principale restent également dans la section principale après la réfraction. Si donc, un rayon parti de *p* tombe sur le point *c*, le rayon réfracté reste dans le plan du dessin (dans lequel sont situés le rayon et le perpendiculaire *da*), et coupe l'axe *bg* en un point quelconque *q*. Le rayon réfracté est encore déterminé par la condition que sin *acq* doit être égal à *n* sin *pcd*, *n* désignant le coefficient de réfraction.

Cette condition est la même que pour des surfaces symétriques ou de rotation. Les rayons presque parallèles qui tombent en *b* auront donc sur l'axe un point de réunion commun, dont l'éloignement dépend du rayon de courbure r' de la courbe *bch* en *b*.

Si p est à l'infini, la distance focale pour la section principale donnée est

$$F'' = \frac{nr'}{n-1}.$$

Tout se passe exactement de même pour les rayons qui, partis de p, se dirigent dans l'autre section principale, déterminée par bq et le troisième axe; seulement ici le rayon de courbure du sommet de la surface a une autre valeur r'', et la distance focale dans cette seconde section principale est

$$F'' = \frac{nr''}{n-1}.$$

Les rayons qui, dans le plan du dessin, sont dans le voisinage immédiat du rayon pq coupent donc ce dernier en un point, par exemple en q; par contre les rayons les plus rapprochés de pq, mais dans un plan perpendiculaire au plan du dessin, ne le couperont pas en q, mais dans un autre point, par exemple en s. —Il est clair maintenant que, au point q de l'axe, les rayons situés dans un plan perpendiculaire à celui du dessin ont encore une expansion linéaire dans ce plan; tandis que, par contre, les rayons situés dans le plan du dessin et qui se réunissent en q, auront de nouveau une expansion linéaire lorsqu'ils seront arrivés au point s : en q et en s sont donc les limites de l'intervalle focal. — On aurait déjà pu tirer toutes ces conclusions de la démonstration plus simple donnée plus haut. Mais ce n'est qu'à présent que l'on comprend ce que nous avions à dessein négligé d'indiquer auparavant, à savoir, que ces considérations ne s'appliquent qu'aux rayons situés dans les deux méridiens principaux de l'ellipsoïde à axes inégaux. En effet, c'est seulement dans ces sections principales que la normale passe par l'axe principal; dans les sections de tous les autres méridiens les normales sont situées en dehors de l'axe, et, par conséquent, les rayons incidents ne sont point réfractés dans le plan dans lequel est situé l'axe principal, et ainsi l'intersection des rayons n'a pas lieu non plus sur un point de l'axe. — Il en résulte que nous ne devons pas nous représenter dans l'intervalle focal une suite de foyers situés sur l'axe. Cela n'est vrai que pour le commencement et la fin de cet intervalle. Le faisceau lumineux est, comme STURM l'a démontré, limité par une surface gauche; tous les rayons réfractés dans les différents méridiens se coupent exactement dans les lignes croisées qui limitent le commencement et la fin de l'intervalle focal, et les sections du faisceau lumineux dans cet intervalle même présentent toutes les formes successives que nous avons représentées plus haut. (Pour la théorie, voyez encore STURM, *loc. cit.*)

FIG. 6.

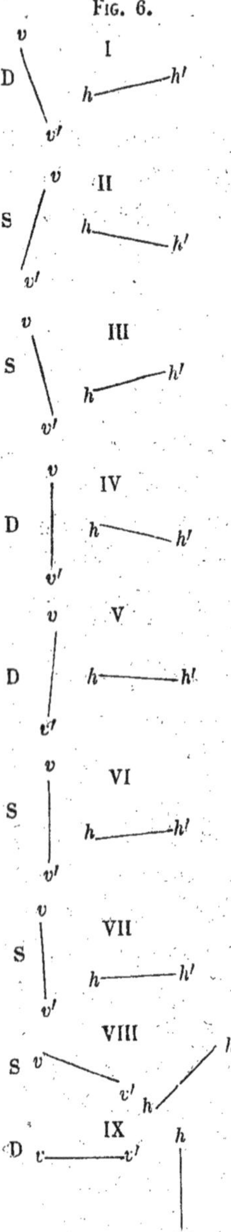

La forme de la cornée fait supposer qu'elle doit à elle seule causer un astigmatisme correspondant tout à fait à celui que nous venons de décrire. L'examen a justifié cette supposition. J'ai choisi pour cela des cas de cataracte congénitale dans lesquels le cristallin avait été complétement résorbé par suite de ponctions répétées (ainsi, qu'il ne pouvait pas être question de changements de forme de la cornée à la suite de l'opération), et où la pupille était restée parfaitement ronde. Sans exception ces yeux indiquèrent comme des lignes minces et nettes les limites de l'intervalle focal, et les modifications des images de dispersion correspondaient exactement à la théorie. La direction des lignes qui limitaient l'intervalle focal donnait immédiatement le maximum et le minimum de courbure de la cornée. La figure 6 représente la direction trouvée, dans des cas d'aphakie, chez de jeunes sujets. D signifie l'œil droit, S le gauche; hh' est l'image de dispersion à la limite antérieure, vv' à la limite postérieure de l'intervalle focal. Il en résulte qu'une seule fois (fig. 6, IX) le rayon de courbure était plus grand dans le méridien vertical que dans l'horizontal; qu'une seule fois également ces deux méridiens (VIII) devaient être à peu près égaux, hh' formant avec vv' un angle d'environ 45°, tandis que dans les sept autres cas le méridien vertical avait évidemment un rayon de courbure plus petit et correspondait même dans quatre cas assez exactement avec le plus petit rayon de courbure de l'œil mesuré.

Les mensurations à l'aide de l'ophthalmomètre des rayons de courbure dans un plan horizontal et un vertical menés par la ligne visuelle donnent des résultats identiques. Qu'on examine le tableau ci-dessous :

OBSERVATEURS.	5° horiz.	5° vertic.	F'' horiz.	F'' vertic.	As. = 1 :
	mm.	mm.	Pouces de Paris.		
DONDERS ET DOIJER.					
1.	7,74	7,74	1,1356	1,1356	∞
2.	8,20	8,12	1,2031	1,1914	88
3.	8,34	8,19	1,2237	1,2107	85
4.	7,23	7,23	1,0608	1,0608	∞
5.	8,27	8,30	1,2134	1,2178	—250
6.	7,73	7,69	1,1342	1,1283	160
7.	8,15	7,94	1,1958	1,1650	34
8.	8,08	7,81	1,1855	1,1457	29
9.	8,02	7,92	1,1767	1,1626	76
10.	7,42	7,30	1,0887	1,0711	50
11.	7,49	7,51	1,0987	1,1019	—280
12.	7,49	7,45	1,0987	1,0931	160
13.	7,84	7,46	1,1503	1,0946	16,9
14.	7,75	7,33	1,1371	1,0755	14,9
15.	7,60	7,53	1,1151	1,1048	89
16.	7,55	7,60	1,1078	1,1151	—127
KNAPP.					
17.	7,80	7,91	1,1445	1,1605	— 62
18.	8,07	8,26	1,1840	1,2120	— 40
19.	7,23	7,385	1,0608	1,0835	— 38
20.	7,22	7,08	1,0593	1,0388	40
21	7,74	7,71	1,1356	1,1313	220

La seconde colonne renferme, exprimés en millimètre, les rayons de courbure trouvés dans le plan horizontal ; la troisième, ceux du plan vertical ; dans la quatrième et la cinquième se trouvent les distances focales (F″) postérieures de la cornée dans les deux plans, calculées d'après la formule

$$F'' = \frac{nr}{n - 1},$$

en admettant $n = 1,3365$. Ces valeurs sont exprimées en pouces de Paris, et, avec ces données, on a calculé, d'après la formule

$$f' = \frac{F'f''}{f'' - F''},$$

la distance focale d'une lentille cylindrique, qui, ajoutée au méridien horizontal, ferait coïncider le foyer postérieur de ce méridien avec celui du méridien vertical. Dans cette formule, F' ($= F'' : n$) est la distance focale *antérieure* de la cornée dans le méridien horizontal ; f'', le foyer postérieur dans le plan vertical ; f', la distance du plan de la cornée à un point situé sur l'axe vers lequel devraient être dirigés les rayons dans un plan horizontal pour se réunir au foyer du plan vertical. Si le rayon de courbure dans le plan horizontal est plus grand que dans le vertical, alors f'' est $< F''$, et par conséquent f' négatif ; ce qui signifie que les rayons doivent converger vers un point situé en arrière de la cornée, et qu'ainsi la lentille cylindrique doit être positive. Si le rayon de courbure est plus grand dans le plan vertical, alors le contraire a lieu, et la lentille cylindrique doit dans ce cas être négative. Ainsi si f' est négatif, il faut une lentille positive, et *vice versâ*. On s'est servi dans le tableau ci-dessus du signe négatif (—) lorsqu'il fallait une lentille cylindrique négative. Du reste, on trouve par le calcul (en supposant la lentille située immédiatement au-devant de la cornée) qu'une lentille négative capable de changer la distance focale de la plus forte courbure en celle de la plus faible, a une distance focale égale à celle d'une lentille positive qui pourrait faire le contraire. — Dans le tableau ci-dessus, on voit d'abord que dans les 16 cas que nous avons examinés, 3 fois seulement le rayon du plan horizontal fut plus petit que celui du vertical, et dans ces cas la différence fut chaque fois extraordinairement petite. Dans les 5 cas de KNAPP (les cinq derniers) il n'y en a, par contre, pas moins de trois dans lesquels le rayon de courbure du plan horizontal était plus petit que dans le plan vertical. J'attribue ce fait au hasard, d'autant plus que nous avons en outre mesuré un grand nombre de cornées (les indications des résultats obtenus ont malheureusement été égarées), et autant que je me rappelle, il y en avait à peine une seule à rayon de courbure plus petit dans le plan horizontal.

Quant aux cas particuliers cités plus haut, on voit que l'astigmatisme de la cornée n'est que 5 fois plus considérable que $\frac{1}{40}$; cela veut dire que pour compenser la différence de distance focale dans les plans horizontal et vertical, il fallait une lentille cylindrique dont la distance focale était moindre de 40 pouces. Ordinairement l'astigmatisme était plus faible. Ici il faut encore faire observer que le n° 14, avec un astigmatisme de la cornée de $\frac{1}{14,9}$, avait une diminution considérable de l'acuité de la vision, susceptible d'être corrigée par un verre cylindrique, et le même fait se reproduisait peut-être aussi dans quelques autres cas. — N° 13, l'œil gauche de la même personne à laquelle appartient le n° 14, est un œil extraordinaire dans lequel, avec un astigmatisme très considérable de la cornée, l'astigmatisme du système dioptrique dans son ensemble était très faible (à cause de la compensation par le cristallin), et ne nuisait en rien à la netteté de la vision.

En général, cependant, les résultats obtenus démontrent que l'astigmatisme de la cornée diffère peu de celui de tout le système, et que dans l'une comme dans l'autre le maximum de courbure répond beaucoup plus rarement au méridien horizontal qu'au vertical. — Je n'ai pas essayé pour ces cas de comparer pour chaque œil en particulier l'astigmatisme résultant de la cornée avec celui du système dioptrique tout entier. Je ne pouvais pas obtenir par ce moyen de résultat utile. En effet, pour pouvoir conclure de la différence obtenue l'astigmatisme dépendant du cristallin, il faudrait d'abord connaître les rayons de courbure dans l'axe de la cornée, spécialement dans les méridiens maximum et minimum. Il est vrai qu'en général les rayons de courbure dans la ligne visuelle diffèrent peu de ceux dans l'axe de la cornée (1), et que les méridiens principaux sont presque toujours à peu près horizontaux et verticaux, de telle sorte que ces mensurations permettraient de conclure combien d'astigmatisme il résulte de l'asymétrie de la cornée; mais ces différences sont sûrement trop considérables pour déterminer par *soustraction* (différence entre l'astigmatisme total et celui mesuré pour la cornée) le *faible* astigmatisme du cristallin.

Une seconde cause d'astigmatisme est l'obliquité de la surface réfringente. Nous devons aussi envisager la cornée sous ce point de vue. En effet, la ligne visuelle ne coïncide pas avec l'axe de la cornée, c'est-à-dire les images formées sur la tache jaune, par conséquent les images de la vision directe sont celles d'objets situés à côté de l'axe de la cornée. En moyenne, l'angle que forme dans un plan horizontal la ligne visuelle (la ligne principale de direction qui coupe le point nodal commun et va directement de l'objet à l'image) avec l'axe de la cornée est à peu près = 6 degrés; et, d'après de nombreuses mensurations, faites communément avec le docteur DOIJER, cet angle est plus grand chez les hypermétropes, plus petit chez les myopes. Chez ces derniers il peut être = 0 et même devenir négatif, c'est-à-dire la ligne visuelle peut couper la cornée en dehors de son axe, tandis qu'ordinairement cela a lieu au côté intérieur de l'axe. En général, cependant, l'angle est trop petit pour exercer une influence appréciable sur l'astigmatisme. Dans quelques cas d'aphakie, les images de dispersion d'un point lumineux répondaient tout à fait à celles du sommet d'un ellipsoïde à axes inégaux, et l'on n'observe jamais les images de dispersion en forme de comète, comme on les rencontre toujours pour un point lumineux situé en dehors de l'axe. — Autant il est facile de mesurer la forme de la cornée avec une exactitude suffisante, autant il est difficile d'obtenir sur le vivant une connaissance exacte de la forme et des courbures du cristallin. Les erreurs probables sont si considérables, qu'il n'est pas question de vouloir déterminer directement si les surfaces sont symétriques. Par contre on peut conclure approximativement de la forme des images de dispersion jusqu'à quel point elles sont centrées. En comparant l'astigmatisme de tout le système avec celui de la cornée, on voit que le cristallin n'est pas sans influence à ce point de vue. Son action est, comme nous l'avons déjà indiqué plus haut (§ 2), très irrégulière; on observe sous ce rapport des variations individuelles à l'infini. Mais, à côté de cela, le cristallin modifie l'astigmatisme régulier (n° 13 du tableau ci-dessus le prouve, de même que de nombreux cas d'astigmatisme considérable), et il s'agit de savoir comment il le fait. Ici il faut considérer deux choses. D'abord la forme des surfaces courbes; celles-ci peuvent très bien être celles d'ellipsoïdes à axes inégaux dont les maximum et minimum ne correspondent pas nécessairement à ceux de la cornée; nous ne savons rien au juste sur ce sujet. D'un autre côté une obliquité du cristallin peut avoir une action analogue. Il a été directement prouvé, comme nous le verrons plus bas, que ce cas se présente quelquefois. L'étude des images de diffusion d'un point lumineux m'a démontré que les cristallins avaient cette influence dans mes propres yeux; en avant et en arrière du milieu de l'intervalle focal les sections du faisceau de rayons provenant d'un point lumineux ont exactement les mêmes formes allongées que l'on obtient sur un écran par le moyen d'une lentille tenue obliquement. C'est pour la même raison que l'œil adapté pour un point trop rapproché (non pas au moyen de l'accommodation, mais par des verres, de telle sorte que dans les deux cas la pupille conserve le même diamètre) voit plus nettement que lorsqu'il est adapté pour un point trop éloigné. Dans le premier cas, malgré l'expansion de l'image de dispersion, un grand nombre de rayons forment encore assez longtemps un noyau beaucoup plus clair. Je ne doute pas que d'autres personnes n'arrivent, par un examen exact, à des résultats analogues.

Nous n'en conclurons pas moins que l'astigmatisme régulier dépend ordinairement de la cornée ; il peut bien être compliqué et modifié par le cristallin, mais, malgré cela, la cornée l'emporte tant pour ce qui est du degré que pour ce qui est de la direction de l'astigmatisme.

Il serait instructif de pouvoir recevoir sur un écran des rayons réfractés par le sommet d'un ellipsoïde à trois axes inégaux. Cependant, comme ce n'est point un corps de rotation, il serait difficile d'en obtenir la forme. Mais, comme nous l'avons vu, on peut arriver à un résultat à peu près pareil en ajoutant à une lentille sphérique ordinaire une lentille cylindrique d'une distance focale beaucoup plus considérable. On peut réunir les lentilles dans un court étui cylindrique. On fera d'abord tomber la lumière sur la lentille symétrique sphérique, laquelle est séparée de la lentille cylindrique par un diaphragme percé d'une ouverture ronde. On se servira comme verre cylindrique d'une combinaison de deux lentilles plano-cylindriques, de distance focale égale, mais dont l'une sera positive et l'autre négative ; l'une de ces lentilles sera mobile et sera susceptible d'exécuter une rotation autour de l'axe de l'étui. On obtient de cette manière l'action d'une seule lentille cylindrique dont le pouvoir astigmatique sera = 0 lorsque les axes des surfaces courbes cylindriques seront parallèles ; tandis que par une rotation jusqu'à 90 degrés, il montera petit à petit jusqu'à la somme de celui des deux lentilles. Si l'on ajoute cette combinaison à une lentille sphérique, on pourra communiquer à cette dernière tous les degrés d'astigmatisme. L'observation démontrera alors que l'intervalle focal sera d'autant plus allongé, les lignes qui le limitent d'autant plus longues et les sections du faisceau lumineux dans la longueur de l'intervalle focal d'autant plus grandes que la lentille cylindrique sera plus forte, c'est-à-dire que l'astigmatisme sera plus considérable. S'il est léger, on obtient dans l'intervalle focal des images encore assez bonnes qui font place à de plus en plus diffuses à mesure que l'astigmatisme augmente.

STURM prétendait que l'intervalle focal résultant de l'asymétrie rendait superflue toute accommodation de l'œil pour diverses distances. Cette assertion n'a maintenant plus besoin d'être réfutée. Il est évident qu'elle est insoutenable, si l'on réfléchit que l'intervalle focal du système dioptrique de l'œil doit être beaucoup trop petit pour contenir tout l'intervalle de l'accommodation, et que, lors même qu'il serait assez grand, l'acuité de la vision souffrirait beaucoup de la grandeur des images de dispersion, comme cela est en effet le cas pour un haut degré d'astigmatisme. Mais il y a quelque chose de vrai dans la manière de voir de STURM, en tant que des objets dont la distance de l'œil diffère assez peu pour que leurs intervalles focaux tombent encore l'un sur l'autre, sont vus à peu près avec la même netteté. C'est de ce fait que dépend la ligne d'accommodation de CZERMACK, que l'on a à tort attribuée à la longueur des bâtonnets ; elle tient à l'asymétrie du système réfringent de l'œil et est une fonction de la longueur de l'intervalle focal.

Nous avons indiqué comme résultat de l'asymétrie que le foyer postérieur est le moins éloigné de la cornée dans le méridien de la plus grande courbure, le plus au contraire dans celui de la plus petite courbure. Il en résulte évidemment une différence dans la position de tous les points cardinaux. Nous reviendrons sur ce fait, et ses conséquences pour la vue, dans les cas d'astigmatisme considérable.

IV

PHÉNOMÈNES QUE L'ON OBSERVE DANS LES HAUTS DEGRÉS D'ASTIGMATISME, ET TROUBLES QUI EN RÉSULTENT.

Nous avons vu qu'un certain degré d'astigmatisme régulier est propre à tous les yeux, et par conséquent ne peut pas être considéré comme anormal. Nous le nommons seulement anormal lorsqu'il a atteint un degré tel, que la vision en souffre d'une manière sensible : à longueur égale de l'intervalle focal, cela arrive d'autant plus vite que la pupille est plus grande. Nous choisissons donc pour nos observations un diamètre moyen de la pupille et une lumière suffisante.

Les troubles apparaissent tout d'abord lorsqu'il faut, dans un même plan, distinguer des lignes dans diverses directions. Si elles sont très écartées les unes des autres, alors l'accommodation agit presque toujours involontairement pour les voir nettement les unes après les autres, et les troubles peuvent ne pas se manifester. Mais si les lignes sont très rapprochées, alors les images de dispersion d'une des directions tombent sur les images nettes de celle pour laquelle on accommode, et il en résulte une confusion. On le voit tout d'abord pour la plupart des lettres capitales romaines. C'est pourquoi elles sont très convenables pour éprouver l'acuité de la vision. L'œil normal reconnaît les lettres cidessous (fig. 7) facilement et sûrement sous un angle de 5 minutes (si toutefois la lumière est suffisante). Le numéro qui les accompagne indique en pouces de Paris la distance à laquelle elles sont vues sous cet angle, et où, par conséquent un œil normal doit les reconnaître (1).

Fig. 7.

N° X.

P R T V X Z B D

N° V.

A C E G I L N P R T V X Z

N° III.

C E G I L N P R T V X Z B D F H K M O

1° Le premier phénomène de l'astigmatisme est que l'on ne reconnaît les lettres ci-dessus que sous un angle plus grand, c'est-à-dire à une plus petite distance. On peut facilement, à l'aide de cette méthode, déterminer le degré d'acuité de la vision. Il suffit de diviser par le n° N la distance d, exprimée en pieds, à laquelle on distingue les lettres, et l'on obtient l'acuité de la vision :

$$S = \frac{d}{N}.$$

Si on lit n° XX à vingt pieds, l'acuité est parfaite :

$$S = \frac{20}{20} = 1.$$

Si l'on voit n° XX seulement à dix pieds, ou n° XII seulement à trois pieds, alors :

$$S = \frac{10}{20} = \frac{1}{2},$$

$$S = \frac{3}{12} = \frac{1}{4}.$$

(1) Le docteur Snellen vient de publier un système de lettres pareilles, depuis le numéro CC jusqu'à I, très commodes pour déterminer le degré d'acuité de la vision.

Malgré une accommodation parfaite, avec ou sans verres sphériques, l'œil affecté d'astigmatisme anormal n'a jamais $S=1$.

Il n'est même pas rare de rencontrer $S=\frac{1}{5}$. Lorsque $S=\frac{1}{2}$, les troubles sont déjà très gênants.

2° Il existe une certaine indifférence pour des verres très différents : un choix exact paraît impossible; des verres de $\frac{1}{6}$ et de $\frac{1}{8}$ semblent également bons. Si la diminution de l'acuité de la vision tient à d'autres causes, cette indifférence n'existe pas ou existe à un beaucoup moindre degré. Ce phénomène m'a déjà fait supposer, il y a longtemps, que la diminution de la netteté de la vision qui accompagne presque toujours l'hypermétropie dépendait d'un astigmatisme anormal. Ce phénomène s'explique par la longueur de l'intervalle focal dont la rétine ne franchit pas les limites, pourvu que la différence des verres ne soit pas trop considérable. Or, il est assez indifférent que la rétine corresponde plutôt à une section de l'intervalle focal qu'à une autre, car toutes les sections produisent des images de dispersion qui causent des troubles visuels à peu près semblables (voy. p. 31).

3° L'accommodation modifie non-seulement la grandeur, mais aussi la forme des images de dispersion d'un point lumineux. Ce n'est que lorsque le milieu de l'intervalle focal correspond à la surface percipiente que l'image est à peu près ronde; dans tout autre état de l'accommodation elle est allongée dans l'une ou l'autre direction. Cela a déjà lieu, comme nous l'avons vu, dans les degrés ordinaires d'astigmatisme régulier, mais c'est surtout frappant dans les hauts degrés. On trouve alors très vite un verre au moyen duquel un point lumineux apparaît à distance sous forme d'une ligne lumineuse, et de même un second verre (soit positif, soit négatif) qui, placé devant le premier, donne à la ligne une direction justement opposée. Nous avons dans la force de ce dernier verre un moyen de déterminer le degré de l'astigmatisme. Ces changements de direction de la ligne lumineuse, lorsqu'on ajoute et enlève alternativement le second verre, frappent beaucoup les personnes affectées d'astigmatisme (1). Toute personne qui a un pouvoir suffisant sur son accommodation, peut, sans se servir de verres modificateurs, produire selon sa volonté des changements pareils dans la forme des images de dispersion.

4° L'influence que la direction des lignes exerce sur leur netteté est extraordinairement grande. La plus grande différence se rencontre pour les lignes qui correspondent à la direction des lignes lumineuses décrites *sub* 3°, lesquelles dévient rarement beaucoup de la verticale et de l'horizontale. L'état de la réfraction dans les divers méridiens détermine lesquelles de ces lignes paraîtront les plus nettes à distance : d'ailleurs il est facile de trouver le verre sphérique positif ou négatif, à l'aide duquel les premières ou les dernières de ces lignes seront vues nettement ; c'est alors que les lignes dans la direction opposée sont le plus diffuses. Dans cette dernière expérience aussi il est facile de trouver une seconde lentille au moyen de laquelle les dernières

(1) Les lignes suivent les mouvements de latéralité de la tête. — Nouvelle preuve que le méridien vertical de l'œil conserve la même direction que la tête, et ne reste nullement vertical en exécutant une rotation autour de l'axe visuel, comme HUECK l'avait autrefois prétendu. On peut également l'observer aux lignes formées par les images de dispersion d'un point lumineux (*Verslagen en mededeelingen van de Kon. Acad. von Wetenschappen*, 1861, Dl. X, Bl. 192). La méthode qui repose sur ce fait est d'une application plus facile que celle des images persistantes, indiquée d'abord par RUETE (*Handbuch d. Ophthalmologie*, 1844, t. I).

deviennent distinctes, tandis que par contre les premières deviennent aussi peu nettes que possible; les images seront d'autant moins distinctes et le verre d'autant plus fort que le degré de l'astigmatisme sera plus considérable. La netteté alternative des lignes de direction opposée, lorsqu'on ajoute et enlève successivement le verre modificateur, est très sensible même pour de faibles degrés d'astigmatisme, tandis que l'on n'observe presque aucune influence sur une ligne qui coupe sous un angle de 45 degrés les deux lignes opposées.

5° Si les lignes placées dans différentes directions sont brisées comme dans la figure 8, il y a pour *tous les yeux* une certaine distance où elles apparaissent simples et où l'on ne voit que la ligne principale. Si alors on se rapproche, l'œil fortement astigmatique apercevra les brisures transversales beaucoup plus tôt dans la ligne qui sera vue le moins nettement que dans celle qui sera très distincte.

Fig. 8.

6° Des lignes de même longueur, mais de direction opposée, n'apparaissent point également longues. Il en résulte une appréciation inexacte de la forme des objets; un carré semble être un rectangle.

Ici deux causes sont en jeu. D'abord, en accommodant exactement, successivement pour les lignes verticales et horizontales, celles qui se trouvent dans le méridien de la plus forte courbure (ordinairement les verticales) forment sur la rétine des images plus allongées. Cela tient à la situation des points nodaux, ou plutôt du second point nodal. Plus ce point (que l'on peut considérer comme correspondant au centre optique) est éloigné de la rétine, plus l'image rétinienne sera grande ; or, comme la cause de l'astigmatisme consiste principalement en une différence de courbure des méridiens de la cornée, le second point nodal est situé plus en avant dans le méridien de la plus forte courbure. Cette différence peut, dans les cas d'astigmatisme considérable, être plus grande que 1 millimètre, c'est-à-dire environ $\frac{1}{13}$ de la distance entre le second point nodal et la cornée. En second lieu, il faut tenir compte de la dispersion. Lorsqu'on voit nettement une ligne verticale, une horizontale paraît diffuse ; elle semble être plus large. Les limites supérieure et inférieure d'un carré peuvent être considérées comme des lignes horizontales ; il en résulte que, lorsque l'on accommode pour les lignes verticales du carré, il paraîtra plus grand dans le diamètre vertical. Comme en outre, à cause de la différence de situation des points nodaux, même l'image nette est plus grande dans cette direction que dans l'horizontale, le carré doit, pour cette double raison, paraître plus haut lorsqu'on accommode pour ses limites verticales, et la différence entre la hauteur et la largeur devient ainsi considérable. Au contraire, lorsqu'on accommode pour les lignes horizontales, la dispersion fait paraître le carré plus large et peut ainsi compenser l'effet produit par la différence de situation des points nodaux. La dispersion produit l'effet décrit ci-dessus lorsqu'on considère un carré éclairé sur un fond obscur ; le contraire a lieu pour un carré obscur vu sur un fond éclairé.

7° On augmente sensiblement l'acuité de la vision en regardant au travers d'une fente large de 1 à 2 millimètres. On se servira, pour ces expériences, de l'appareil sténopéique dont on peut à volonté rétrécir ou élargir la fente (1). L'amélioration de la vue est surtout sensible lorsqu'on tient la fente dans la direction du maximum ou du minimum de courbure, qui auront été déterminés (voy. *sub* 3°, p. 34) par la direction dans laquelle s'allonge l'image de dispersion d'un point lumineux. La fente coïncide alors avec une section principale qui passe par deux des axes de l'ellipsoïde. L'amélioration de la vue, en regardant au travers d'une fente, est d'une haute importance. Il donne la preuve directe que les rayons réfractés dans le méridien d'une des sections principales se réunissent à peu près en un point, et que par conséquent les troubles visuels existants dépendent de l'asymétrie ; et qui plus est, on peut de cette manière, à l'aide de verres sphériques, déterminer la différence de réfraction entre le méridien de courbure maximum et celui de courbure minimum, comme nous le démontrerons dans le chapitre suivant.

Un autre fait instructif est qu'en regardant par une fente qui ne correspond point à un des méridiens principaux, les objets apparaissent déformés, tant parce qu'il reste encore assez de cercles de dispersion, lesquels sont allongés dans le sens de la fente, que parce que les normales d'un méridien qui ne passe que par un axe ne sont pas toutes situées dans un même plan, et par conséquent les rayons réfractés ne restent pas tous dans le même plan.

(1) Paetz et Flohr, sous les Tilleuls, à Berlin, fabriquent dans ce but des appareils pourvus d'un diaphragme percé de plusieurs ouvertures de différentes grandeurs, ou avec une fente que l'on peut rétrécir ou élargir à volonté. Je les ai appelés *sténopéiques* (voy. Van Wijngaarden, *De perspicillis stenopeis*, dissert. inaug., Utrecht, 1856, et *Archiv f. Ophthalm.*, t. I, fascicule 2, p. 251), de στενὸς, *étroit*, et ὀπὴ, *fenêtre* ou *ouverture* pour regarder au travers.

Les phénomènes de la dispersion des couleurs sont très caractéristiques dans les hauts degrés d'astigmatisme. HELMHOLTZ (1) a déjà fait observer que les phénomènes de la dispersion des couleurs sont, en général, beaucoup plus marqués, lorsque, au lieu de lumière blanche, on se sert pour les expériences d'une lumière composée seulement de deux couleurs prismatiques présentant la plus grande différence possible au point de vue de leur réfrangibilité. Le moyen le plus simple de se procurer une lumière pareille est de faire passer la lumière solaire au travers de verres colorés en violet foncé. Ces verres absorbent assez parfaitement les rayons du centre du spectre et ne laissent passer que les couleurs extrêmes, le rouge et le violet. Si l'on fait l'expérience avec la lumière d'une lampe ou d'une bougie, un verre bleu cobalt foncé, qui ne laisse passer que l'extrême rouge à côté d'une grande quantité d'indigo et de violet, est tout à fait suffisant. Une teinte plus ou moins violette est cependant toujours préférable. J'ai vu chez DOVE un morceau de verre parfait sous ce rapport; tous les verres que j'ai pu me procurer jusqu'ici sont moins bons que celui-là. Si une personne légèrement myope (ou qui accommode pour un point rapproché) regarde au travers d'un pareil verre de cobalt la flamme d'une bougie, les bords paraissent bleus et le milieu de la flamme rougeâtre; dans un cas d'hypermétropie légère on voit, au contraire, le pourtour de la flamme d'un beau rouge et le centre bleu (2). Si l'on regarde au travers d'un verre violet une petite ouverture

(1) *Physiol. Optik, loc. cit.*, p. 127.

(2) On peut par ce moyen reconnaître sur-le-champ les faibles degrés d'amétropie. Quant aux degrés considérables, les cercles de dispersion sont trop grands pour laisser voir nettement la dispersion des couleurs.

pratiquée dans un écran et tournée contre le jour, on voit, en accommodant pour les rayons violets, l'ouverture entourée d'un bord rouge qui devient violet, si l'on accommode pour les rayons rouges. Dans le dernier cas, les rayons violets n'étaient pas encore réunis dans l'image rétinienne; dans le premier, ils étaient déjà croisés et par conséquent situés en dehors. Une ouverture carrée donne les mêmes résultats. Si par contre un astigmatique voit aussi nettement que possible une ouverture pareille, et qu'alors on place devant son œil un verre violet, les lignes supérieure et inférieure paraîtront bordées de bleu, les deux verticales de rouge : il est myope dans le méridien vertical, hypermétrope dans l'horizontal. S'il voit le point lumineux allongé, comme une ligne (voy. *sub* 3° de ce chapitre), alors les extrémités sont différemment colorées que le milieu de la ligne, et en changeant la direction des lignes au moyen de verres modifiant la réfraction, les couleurs changent également.

On peut observer sur soi-même tous les phénomènes indiqués ci-dessus. Il faut seulement pour cela se rendre astigmatique, et cela se fait en tenant devant l'œil une lentille cylindrique. On placera de préférence horizontalement l'axe de la courbure cylindrique si la lentille est positive, verticalement si elle est négative : on obtient de la sorte, dans son propre œil, la distance focale la plus courte dans le méridien vertical, comme les astigmatiques. Un verre cylindrique de $\frac{1}{20}$ ou de $-\frac{1}{20}$ (20", distance focale positive ou négative) est suffisant. On peut en outre, en ajoutant ou sans ajouter des verres sphériques, obtenir tous les degrés d'amétropie ; l'astigmatisme (laissant de côté l'asymétrie préexistante) restera toujours $= \frac{1}{20}$. Pour obtenir sur soi-même un cas simple et qui se rencontre fréquemment, qu'on rende hypermétrope le méridien horizontal, laissant emmétrope le vertical. Un emmétrope n'aura besoin pour cela que de placer devant l'œil une lentille cylindrique de $-\frac{1}{20}$, l'axe du cylindre maintenu vertical. — Toutefois il est utile de faire aussi quelques expériences en modifiant l'amétropie dans les deux méridiens.

Il me paraît superflu de donner encore des indications détaillées sur les essais à faire. On reproduira sans difficulté tous les phénomènes décrits plus haut. On me permettra seulement deux remarques. La dispersion des couleurs m'a paru être plus forte dans l'astigmatisme artificiel que dans le naturel, et la différence de grandeur des images rétiniennes dans les deux méridiens principaux est également plus considérable. L'explication du premier fait m'entraînerait trop loin. La cause du second est évidente : en effet, la lentille cylindrique se trouve à une certaine distance de la cornée, et son action exerce une plus grande influence sur la situation des points nodaux que lorsque le foyer postérieur s'est déplacé par la modification du rayon de la cornée. On voit pour cela les objets plus déformés que dans un cas d'astigmatisme naturel de degré égal.

Dans un cas d'astigmatisme régulier, il est nécessaire, pour résoudre plusieurs questions, de déterminer les points cardinaux dans les deux méridiens principaux, comme s'ils formaient deux systèmes différents. Nous voulons l'essayer pour un cas donné. Nous supposons un cas dans lequel la cause de l'astigmatisme réside exclusivement dans la cornée, dont le rayon de courbure dans le méridien vertical, ce qui n'est pas rare, soit 1 millimètre plus petit que dans l'horizontal. Choisissons pour cela, pour nous en tenir à un cas déterminé, le n° 6 du tableau de la page 67, dans quel cas le rayon dans le plan vertical est = 7,38, dans l'horizontal, 8^{mm},38 ; soit V la section dans le plan vertical, H dans le plan horizontal. Il est facile de déterminer les points cardinaux pour la surface réfringente de la cornée seule; le point principal h est situé au sommet de la surface de courbure, le point nodal k au centre de courbure du sommet (soit 7^{mm},38 ou 8,38 en arrière du sommet) ; on calcule le foyer antérieur φ' et le foyer postérieur φ'' par les formules

$$h\varphi' \text{ ou } F' = \frac{p}{n-1},$$

$$h\varphi'' \text{ ou } F'' = \frac{pn}{n-1}.$$

Et l'on trouve, en admettant $n = 1,3365$:

$$\text{Pour H} \begin{cases} F' = 24,90, \\ F'' = 33,28. \end{cases}$$

$$\text{Pour V} \begin{cases} F' = 21,93, \\ F'' = 29,31. \end{cases}$$

On obtient ainsi les distances $h\varphi'$ et $h\varphi''$. La figure 9 (dans laquelle c est la cornée) représente, d'après les résultats obtenus, la position des points cardinaux.

FIG. 9.

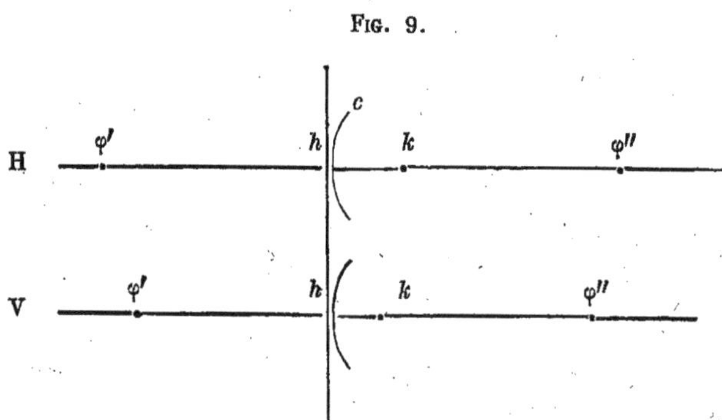

Un simple calcul, indiqué page 26, montre que, dans ce cas, une lentille cylindrique infiniment mince, de $\frac{1}{6,8}$, à axe vertical, placée immédiatement en avant de la cornée, pourrait faire coïncider les points cardinaux dans les deux méridiens.

Combinons maintenant avec cette cornée un cristallin symétrique (celui de l'œil schématique en repos de HELMHOLTZ) avec une distance focale $= 43^{mm},707$, distance réciproque de ces deux points principaux $= 0,2283$, et distance de ces deux points principaux du sommet de la cornée $= 5,7073$ et $5,9356$. Le calcul de ce système combiné donne pour la position des points cardinaux, calculée à partir du sommet de la cornée dans les deux méridiens principaux H et V, les résultats suivants :

		H	V
Foyer antérieur	φ'	— 13,2743	— 12,2967
Premier point principal	h'	1,9937	1,9443
Second point principal	h'	2,4359	2,2297
Premier point nodal	k'	7,1321	6,7359
Second point nodal	k''	7,5743	7,0213
Foyer postérieur	φ''	22,8423	21,2623

Par conséquent :

La distance focale postérieure $F'' = h''\varphi''$ est 20,4064 19,0326

La distance focale antérieure $F' = h'\varphi'$ est 15,268 14,241

Pour représenter les systèmes d'une manière plus facile à saisir, nous ajoutons ici la figure 10, différente pour H et V :

I. Points cardinaux de la cornée ;

II. Ceux du cristallin ;

III. Ceux du système dioptrique réuni.

FIG. 10.

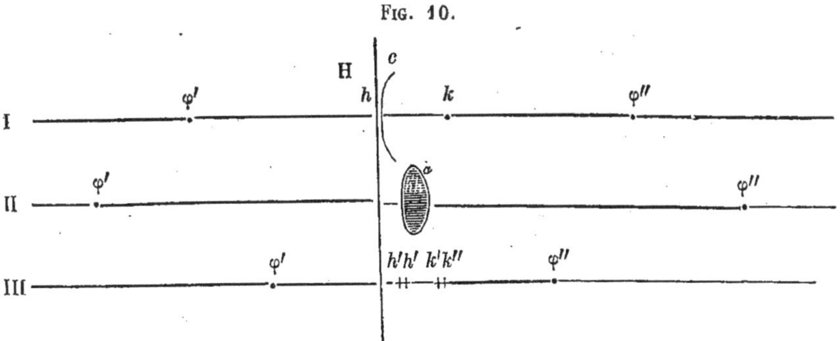

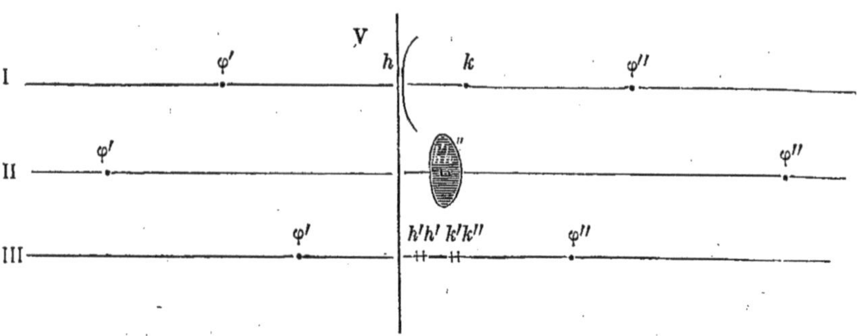

Dans la figure 11, les deux nos III de H et V sont représentés l'un au-dessous de l'autre au double de leur grandeur naturelle, ce qui permet de mieux les comparer.

FIG. 11.

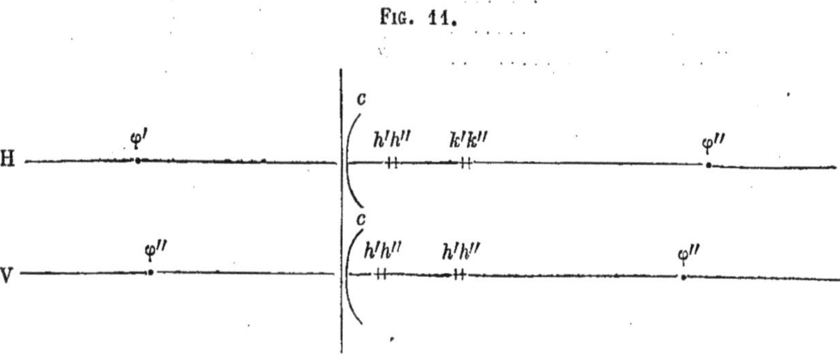

La connaissance des points cardinaux nous permet de juger sous plus d'un point de vue de la vision des astigmatiques.

D'abord quant à l'acuité de la vision, φ'' est, dans H, 1mm,58 en arrière de φ'' dans V. Si donc, des rayons émanés d'un point donné sont en V arrivés au point de leur réunion, ils sont encore en H à 1mm,58 de leur réunion. Il est évident que l'acuité de la vision en souffre sensiblement. — La grandeur des images de dispersion nous donne une idée plus exacte de ce fait. Nous avons calculé cette grandeur (voy. la méthode dans Helmholtz, *l. c.*, p. 98) pour un diamètre pupillaire moyen, à savoir, 4 millimètres (auquel correspond une image cristallinienne de la pupille de $4^{mm},23$), et pour une distance du plan pupillaire de $3^{mm},6$ en arrière du sommet de la cornée (l'image cristallinienne est alors à $3^{mm},713$ de ce plan). Si la rétine au point φ'' de V est située à $21^{mm},26$ en arrière de la cornée, alors les rayons parallèles, devenus convergents, se réuniront en V sur la rétine, tandis qu'en H ils atteindront la rétine $1^{mm},58$ avant leur réunion. Leur image de dispersion sur la rétine a donc une longueur de $0^{mm},3494$ correspondant, dans ce méridien, à un angle visuel de $1° 24',2$.

Si la rétine, au point φ'' de H est située à $22^{mm},1423$ en arrière de la cornée, alors les rayons qui convergent en V se seront déjà croisés à $1^{mm},58$ en avant de la rétine, et avec les données admises plus haut pour le diamètre et la situation de la pupille, nous obtenons maintenant une image de dispersion $= 0^{mm},3808$, correspondant dans ce méridien à un angle visuel de $1° 25',7$.

Enfin si la rétine est à $22^{mm},018$ en arrière du sommet de la cornée, alors l'étendue linéaire des images de dispersion est égale en V et en H $= 0^{mm},18222$. C'est dans cette position que la rétine se trouve au milieu de l'intervalle focal, où l'image de dispersion a à peu près la forme d'un cercle. Le diamètre moyen de cette image correspond dans le méridien horizontal à un angle de $41',8$, dans le vertical à un de $43',4$. Si l'on considère qu'avec une acuité de vision parfaite, on reconnaît des lettres sous un angle de $5'$, on peut comprendre à quel haut degré les cercles de dispersion calculés ci-dessus peuvent nuire à la netteté de la vue.

Nous aurons encore un point de comparaison meilleur en calculant l'accommodation nécessaire pour faire tomber le point φ'' de V sur l'endroit où, dans l'œil en repos, se trouve φ'' en H, ou, en d'autres termes, pour voir alternativement et nettement des lignes verticales et horizontales.

Supposons un œil emmétrope en V (la rétine étant située à $21^{mm},2623$ en arrière du sommet de la cornée), et par conséquent hypermétrope en H, et supposons cette hypermétropie telle, qu'une lentille (située dans l'air et dont le point nodal coïnciderait avec k' de H) de 176^{mm},8, = 6'',53 de distance focale, soit nécessaire pour la neutraliser; l'hypermétropie sera alors = $\frac{1}{6,53}$ et pourra être corrigée par une accommodation de $\frac{1}{6,53}$. Mais la même accommodation se fait remarquer aussi en V, et par suite nous obtenons dans ce plan F' = 12^{mm},857, F'' = 17^{mm},183 ; et des lignes horizontales paraissent nettes à la distance de 176^{mm},8 = 6'',53. En effet, par une accommodation de $\frac{1}{6,53}$, H est devenu emmétrope, et V a acquis une myopie de $\frac{1}{6,53}$.

On peut en conclure que par une accommodation d'environ $\frac{1}{13}$, la rétine se trouverait au milieu de l'intervalle focal, où l'image de dispersion est circulaire et à peu près de même dimension que celles qu'un œil symétrique accommodé pour l'∞ perçoit pour un objet situé à 13'', ou que celle qu'il obtient des objets très éloignés s'il accommode pour 13''. Si l'on regarde des objets éloignés, tandis que, au moyen de verres de $\frac{1}{13}$, on se rend myope ou hypermétrope (en s'abstenant dans ce dernier cas de tout effort d'accommodation), on peut observer sur soi-même les troubles qui résultent de ces cercles de dispersion.

Les troubles produits de cette manière me semblent être plus forts que chez les astigmatiques, ce qu'il faut peut-être attribuer au fait que ces derniers peuvent, en mettant quelque peu en jeu leur accommodation, faire varier la forme des images de dispersion, et combiner ainsi les lignes verticales et horizontales qui apparaissent alternativement plus nettes. Peut-être aussi la lumière est-elle moins régulièrement répartie dans les images de dispersion des astigmatiques. Du reste, il me semble que les images de dispersion doivent, à cause de leur discontinuité (résultat de l'astigmatisme irrégulier du cristallin), causer moins de troubles fonctionnels que si elles étaient plus homogènes.

Comme nous l'avons vu précédemment, les images rétiniennes, à dimension égale des objets, ne sont point également grandes dans le méridien horizontal et le vertical. Si la projection correspond dans tous les méridiens à la grandeur des images rétiniennes (ce qui est réellement douteux), on ne voit pas également grands dans les deux méridiens opposés des objets de même dimension. Or, il est très facile, à présent que nous connaissons la position des points cardinaux, de comparer la grandeur des images rétiniennes. Comme la distance des objets est très considérable par rapport à celle qui sépare les points nodaux l'un de l'autre et de la distance $k''\varphi''$, on peut admettre que la grandeur des images rétiniennes, pour l'accommodation successive dans les deux méridiens principaux, est proportionnelle aux distances $k''\varphi''$ en H et en V. Admettant que la rétine soit à $22^{mm},8432$ en arrière de la cornée, et que, pendant l'accommodation, k'' ne quitte point sa place (ce qui n'est pas tout à fait exact), les distances $k''\varphi''$ dans les deux systèmes seront 14,241 et 15,268 ; donc $= 1 : 1,0721$. On voit donc que, à grandeur égale des objets et avec une accommodation exacte, la différence de l'image rétinienne dans les deux dimensions est très considérable. Nous avons déjà suffisamment démontré plus haut qu'à cette cause s'ajoutent encore les variations de grandeur dues aux images de dispersion (qui peuvent ou augmenter, ou corriger la différence existant déjà).

V

MOYENS DE RECONNAITRE LE DEGRÉ ANORMAL DE L'ASTIGMATISME.

Les phénomènes dont nous avons donné un aperçu dans le chapitre précédent indiquent déjà le moyen de découvrir l'astigmatisme et même d'en déterminer le degré. Il ne me paraît cependant pas superflu d'étudier au point de vue de leur valeur et de leur utilité les méthodes d'examen qui en découlent, et d'indiquer le moyen qui donne facilement et sûrement un résultat suffisant. L'examen subjectif est ici le plus important, c'est pourquoi nous nous en occuperons en premier lieu. L'acuité de la vision, examinée dans des conditions diverses, nous fournira les indications nécessaires. Nous dirons ensuite quelques mots des signes objectifs qui permettent de supposer ou même de reconnaître d'une manière certaine la présence de l'astigmatisme.

A. *Examen subjectif.*—L'*absence d'une acuité de vision normale* nous donne la première indication. Si les troubles de la vision ont existé depuis la jeunesse à un degré à peu près égal, sans variations évidentes, alors on a des raisons de supposer que l'astigmatisme en est la cause ; c'est même une exception de voir cette supposition démentie par l'examen. On peut ensuite faire quelques questions sur la netteté des lignes horizontales et verticales, lorsque la tête est plus ou moins inclinée. Il ne faut cependant pas perdre beaucoup de temps de la sorte, mais passer tout de suite à l'examen systématique.

1° Dans chaque diminution de l'acuité de la vue, on commence par en déterminer le degré : cela se fait par l'accommodation ou par la réduction (par le moyen de verres sphériques) pour une assez grande distance, limitée par la grandeur de la chambre où se fait l'examen. A cette distance est suspendu un tableau avec des lettres des n^{os} CC, C, XC, LXXX, etc., jusqu'au numéro indiqué par le nombre de pieds qu'a la longueur de la chambre : si, par exemple, elle a 12 pieds de long, le tableau finira au n° XII. L'œil emmétrope à vision normale reconnaît sûrement à cette distance des lettres n° XII. Le verre positif le plus fort et le verre négatif le plus faible à l'aide duquel on obtient la plus grande netteté de la vision indiquent le degré de l'amétropie, soit hypermétropie, soit myopie. Il faut cependant faire observer que pour plus d'une raison, dans les forts degrés de myopie, on ne trouve ordinairement pas une acuité parfaite. Un certain degré d'imperfection dans un cas de myopie n'est donc pas une raison de supposer un astigmatisme anormal. On en fera toutefois l'examen.

2° Supposons maintenant qu'on ait trouvé une vision imparfaite. *On commencera alors par déterminer dans quelle direction sont situés les méridiens principaux, c'est-à-dire le maximum et le minimum de courbure.* A cet effet, on se sert d'un point lumineux éloigné. Dans ma chambre de consultation, un carreau d'une des fenêtres est de verre mat ; devant cette vitre est placée une planchette noire de 35 centimètres en carré; au milieu de cette planchette est fixée une plaque métallique, percée d'un trou, et dans les rainures de laquelle on fait glisser un diaphragme muni d'ouvertures arrondies depuis $\frac{1}{2}$ jusqu'à 10 millimètres de diamètre. Pour une distance de 10 à 15 pieds, on fait regarder une ouverture de 2 à 4 millimètres, tandis qu'à l'aide de verres on fait alterner (voyez page 34) une légère myopie et une hypermétropie ; même pour un œil normal on obtient ainsi généralement un allongement de l'image de dispersion dans deux directions opposées qui indiquent le maximum et le minimum de courbure. C'est surtout frappant dans les cas d'astigmatisme anormal.

3° On connaît de cette manière la direction des méridiens principaux. On examinera alors *si les rayons appartenant à ces méridiens donnent des images plus nettes que ceux de l'ensemble de la surface réfringente.* Pour cela on tiendra, successivement dans chacun des méridiens principaux, la fente d'un appareil sténopéique large de 1 à 2 millimètres, et l'on verra si la netteté de la vision a augmenté. Si ce n'est pas le cas, on essayera d'ajouter des verres positifs ou négatifs ordinaires, d'après les principes déjà exposés *sub* 1°. Si, par ce moyen, la vision ne devient pas plus nette que sans l'usage de la fente, il est suffisamment démontré que l'astigmatisme n'est pas la cause des troubles de la vue. Toutefois, si ces troubles fonctionnels sont très peu considérables; si, par exemple, l'acuité de la vision est encore $= \frac{3}{4}$, le résultat peut être incertain, autant parce que le fait même de regarder au travers d'une fente trouble quelque peu la vue, que parce que l'astigmatisme n'est pas complétement corrigé dans cette expérience.

4° Si l'on trouve, au contraire, une amélioration de la vision, l'existence de l'astigmatisme anormal est démontrée. Il s'agit maintenant de savoir *quelle est la réfraction dans chacun des méridiens principaux*. On la déduit de la force du verre positif ou négatif qui procure la vision la plus nette dans chacun de ces méridiens. Généralement on trouve dans les deux un certain degré d'amétropie. Il importe maintenant de le déterminer exactement. Ce résultat obtenu, nous avons atteint notre but, car nous avons en même temps le degré de l'astigmatisme. Cette détermination est très facile lorsque dans les deux méridiens il existe un certain degré de myopie : le verre négatif le plus faible au moyen duquel on obtient la plus grande netteté de la vue, en donne la mesure d'une manière tout à fait suffisante. Si, par contre, on rencontre une hypermétropie dans un ou dans les deux méridiens, alors il est probable, surtout chez de jeunes sujets, que le degré n'en a pas été indiqué exactement. Des efforts d'accommodation involontaires et comme spasmodiques cachent en effet une partie de l'hypermétropie existante, et fait choisir pour la correction totale un verre positif trop faible. Si l'effort d'accommodation était le même pendant l'examen successif des deux méridiens, on obtiendrait tout de même la différence de réfraction, partant le degré de l'astigmatisme. Mais on ne peut pas attendre une pareille égalité d'effort d'accommodation. En outre, il ne suffit pas de connaître le degré de l'astigmatisme, il faut aussi savoir quel est celui de l'hypermétropie dans les deux méridiens. On n'obtiendra ce résultat d'une manière exacte et certaine que lorsqu'on aura artificiellement paralysé l'accommodation au moyen d'un mydriatique, car alors l'hypermétropie ne peut rester latente ni complétement ni en partie ; elle apparaît nécessairement tout entière comme hypermétropie manifeste.

5° Par rapport à l'astigmatisme, il s'agit de connaître :

a. Son existence ;

b. La direction des deux méridiens principaux, ceux du maximum et du minimum de réfraction ;

c. La réfraction de l'œil dans chacun de ces méridiens ;

d. Le degré de l'astigmatisme.

Nous avons vu *sub* 3°, dans ce chapitre, comment on reconnaît *a* et *b ;* ce qui a rapport à *c* a été développé *sub* 4°. Il nous reste maintenant à indiquer comment on obtient *d.* La chose est simple : *Le degré de l'astigmatisme se déduit de la différence de réfraction dans les deux méridiens principaux.* Nous allons l'expliquer par quelques exemples qui feront connaître en même temps les trois formes d'astigmatisme que nous croyons devoir admettre, sous le rapport de la réfraction :

I. *Astigmatisme myopique.* Il faut distinguer :

a. Astigmatisme myopique simple. M dans un méridien, E dans l'autre. Soit, par exemple :

Dans le méridien principal H, emmétropie,

Dans le méridien principal V : $M = \frac{1}{6}$,

Nous avons alors un astigmatisme myopique simple:

$$Am = \frac{1}{6} - \frac{1}{\infty} = \frac{1}{6}.$$

b. Astigmatisme myopique composé, ou myopie et astigmatisme, M + Am, avec M dans les deux méridiens principaux :

Soit, par exemple :

Dans le méridien principal H, $M = \frac{1}{20}$

Dans le méridien principal V, $M = \frac{1}{10}$,

Nous avons alors :

$$M = \frac{1}{20}.$$

et en outre, $Am = \frac{1}{10} - \frac{1}{20} = \frac{1}{20}$, ce que nous écrirons comme suit :

$$M = \frac{1}{20} + Am\ \frac{1}{20}.$$

II. *Astigmatisme hypermétropique*, qu'il faut également distinguer en :

a. Simple. Ah avec H dans un, E dans l'autre méridien principal.

Soit en V, E,

en H, $H = \frac{1}{8}$,

Nous avons un astigmatisme hypermétropique simple :

$$\mathrm{Ah} = \frac{1}{8} - \frac{1}{\infty} = \frac{1}{8}.$$

b. Composé, à savoir : H avec astigmatisme, H + Ah, ayant H dans les deux méridiens principaux.

$$\text{Soit en H,} \quad H = \frac{1}{6},$$

$$\text{en V,} \quad H = \frac{1}{18}.$$

Nous trouvons :

$$H\,\frac{1}{18},$$

et en outre :

$$\mathrm{Ah} = \frac{1}{6} - \frac{1}{18} = \frac{1}{9}.$$

Nous écrivons donc :

$$H\,\frac{1}{18} + \mathrm{Ah}\,\frac{1}{9}.$$

III. *Astigmatisme mixte*, avec M dans un, H dans l'autre méridien.

On peut distinguer ici :

a. Astigmatisme mixte avec *myopie prédominante*, Amh.

$$\text{Soit en V,} \quad M = \frac{1}{12},$$

$$\text{en H,} \quad H = \frac{2}{24}.$$

Nous obtenons :

$$\mathrm{Amh} = M\,\frac{1}{12} + H\,\frac{1}{24} = \frac{1}{8}.$$

b. Astigmatisme mixte avec *hypermétropie prédominante*, Ahm.

$$\text{Soit en V,} \quad M = \frac{1}{24},$$

$$\text{en H,} \quad H = \frac{1}{12}.$$

Nous aurons :

$$\text{Ahm} = \text{M}\frac{1}{24} + \text{H}\frac{1}{12} = \frac{1}{8}.$$

Les données qui précèdent suffisent, en général, pour reconnaître l'astigmatisme et en déterminer le degré. Cette méthode se recommande par sa simplicité et la facilité de son application. Elle mérite ordinairement la préférence sur toutes celles dont la description va suivre. Seulement, on ne doit point négliger le contrôle indiqué *sub* 8°. Il n'a d'autre but, à proprement parler, que d'essayer si les verres choisis, d'après la méthode développée *sub* 4°, sont vraiment convenables. Si le contrôle se fait avec exactitude, on peut ordinairement, même dans les cas d'hypermétropie, se passer de l'examen après la paralysie artificielle.

Les méthodes que nous allons encore décrire, peuvent, dans quelques cas, être appliquées avec succès. C'est pourquoi nous devons en faire mention, surtout de celle de Stokes, qui rend quelquefois de bons services, et qui nous intéresse en outre à cause de ce qu'elle a d'ingénieux. Employée à titre de contrôle, elle fournit quelquefois les indications les plus précises.

6° *Méthode modifiée de* Young. — Young déterminait la distance à laquelle les doubles images de la ligne de son optomètre paraissaient s'entrecroiser, lorsque, tout en accommodant pour le point le plus éloigné, il tenait son instrument alternativement horizontalement et verticalement. Cette méthode peut servir pour des myopes. Cependant il faudrait auparavant avoir trouvé (voy. *sub* 2°, p. 49) les directions des méridiens principaux pour déterminer dans quelle position on doit tenir l'optomètre pour faire les observations. On peut même se servir de l'optomètre pour des personnes qui ne sont pas myopes, mais c'est alors dans le but de déterminer le point *le plus rapproché* de la vision distincte dans les deux méridiens principaux. Dans ce cas il ne faut pas, comme dans l'optomètre de Young, faire regarder par une double fente, mais, au contraire, tout à fait librement, en se servant pour objet de petits fils tendus dans un cercle que l'on puisse à volonté tourner dans un autre cercle (extérieur). On donnera successivement à ces fils l'inclinaison des deux méridiens principaux.

Cette méthode n'est pas très exacte, mais elle est cependant importante en tant qu'elle démontre suffisamment que l'astigmatisme reste à peu près le même pendant l'accommodation pour des objets rapprochés.

7° *Méthode d'*Airy. — Celle-ci ne peut s'appliquer que lorsqu'il existe dans les deux méridiens principaux, comme du reste c'était le cas chez Airy, un fort degré de myopie. On se servira, comme point lumineux, d'une petite ouverture pratiquée dans un écran opaque que l'on dirigera contre la lumière du ciel, contre un verre mat ou contre le globe d'une lampe, et que l'on éloignera ou rapprochera le long d'une échelle graduée, pareille à celle de l'optomètre. On trouvera, de la sorte, la plus grande distance à laquelle le point lumineux apparaît sous forme d'une petite ligne très étroite; puis, on obtiendra également la plus petite distance à laquelle il apparaît de nouveau sous la même forme linéaire, mais perpendiculaire à la première. Ces distances indiquent approximativement les degrés de myopie dans les méridiens principaux.

Si l'on veut appliquer cette méthode à des personnes qui ne sont pas myopes, il faudra les rendre myopes par l'addition d'un verre convexe convenable. Mais nous rencontrons alors une difficulté, c'est que si l'axe de la lentille ne correspond pas exactement à l'axe visuel, l'astigmatisme subit une modification. L'accommodation doit en outre, dans les deux cas, rester en repos, et cela n'aura presque jamais lieu, c'est pourquoi cette méthode ne donnera généralement pas des résultats exacts.

8° *Méthode d'*Airy *modifiée.* — On peut cependant surmonter cette dernière difficulté en paralysant l'accommodation par un mydriatique. C'est alors que la méthode d'Airy donne de très bons résultats chez les myopes; mais si la myopie est très faible ou s'il n'y en a point du tout, il faut donner la préférence à un point lumineux éloigné. On évite de cette manière les inconvénients qui résultent de l'emploi de fortes lentilles. Pour obtenir un résultat très exact, je me servis d'un très petit point lumineux provenant de la réflexion sur un miroir convexe d'une petite ouverture ronde et éclairée. Dans quelques cas, on m'indiqua assez exactement les verres sphériques à l'aide desquels le point lumineux apparaissait successivement comme la ligne la plus étroite dans deux directions opposées. Le plus souvent cependant les indications laissaient à désirer : cela tient à l'astigmatisme irrégulier qui convertit les lignes précises et nettes en images de dispersion. Ordinairement on voit bientôt, même avant que la ligne principale soit devenue étroite, apparaître dans diverses directions des lignes secondaires qui empêchent de déterminer exactement le verre nécessaire. Ce ne fut que dans les cas d'aphakie, où naturellement l'influence du cristallin disparaissait, que l'exactitude des résultats ne laissait rien à désirer.

Au lieu d'un très petit point lumineux obtenu par réflexion, on peut se servir d'une petite ouverture de 1 à

2 millimètres de diamètre, comme celle que présente la planchette décrite *sub* 2°. A l'exception des cas d'aphakie, les résultats obtenus de cette manière ne le cèdent en rien à ceux que l'on obtient en faisant usage du point lumineux réfléchi.

9° *Examen à l'aide de verres cylindriques.* — Lorsqu'à distance on voit des lettres le plus nettement possible, soit à l'œil nu, soit avec les verres sphériques convenables, on prendra un verre cylindrique d'environ $\frac{1}{30}$ et on le tournera en rond devant l'œil. S'il existe de l'astigmatisme, on reconnaîtra que dans une certaine position du verre (lorsque la courbure du verre cylindrique correspond au méridien de la plus forte courbure), la netteté de la vision diminue beaucoup, tandis qu'elle augmente au contraire si l'on tient le verre dans la position perpendiculaire à la première. Quelquefois alors la vision devient encore plus nette lorsqu'on rapproche les objets; en effet, en corrigeant l'astigmatisme, le verre cylindrique peut avoir rendu l'œil myope. On peut ensuite essayer encore quelle est la force du verre cylindrique, qui, maintenu dans la position la plus favorable, donnera la vision la plus nette ; en faisant cet essai, il faut également varier la distance des lettres ou bien employer des verres sphériques. De cette manière on obtient à la fin, en y consacrant beaucoup de temps, des résultats assez exacts.

Cette méthode, quoique peu pratique en elle-même, est très utile pour contrôler les résultats obtenus par celle que nous avons décrite *sub* 4°. Celle-ci nous apprend par quelle combinaison de verres sphériques et cylindriques on peut s'attendre à obtenir la plus grande netteté de la vision ; et il ne faut jamais négliger d'en faire l'essai, comme aussi de comparer les résultats en changeant quelque peu les numéros des verres. L'amélioration de la vue sera de cette manière plus parfaite qu'au moyen de la fente, laquelle, si elle est trop étroite, enlève trop de lumière et occasionne des troubles par la diffraction, tandis que si elle est trop large, elle ne corrige l'astigmatisme que très imparfaitement.

Un verre cylindrique faible, employé d'après la méthode que nous venons d'indiquer, est un moyen très sensible de démontrer, même dans un cas où la vision est parfaite, la présence de l'astigmatisme normal. Nous en avons déjà dit un mot plus haut (page 16). Qu'on prenne une lentille cylindrique très faible, par exemple de $\frac{1}{80}$, et qu'on lui fasse exécuter une rotation complète devant l'œil, je doute fort que l'on trouve quelqu'un qui ne soit pas frappé de la différence de netteté dans deux positions opposées. Il est à peine nécessaire d'expliquer pourquoi ce moyen est si sensible : admettons que quelqu'un ait un astigmatisme de $\frac{1}{80}$, il sera corrigé dans une position donnée de la lentille, tandis qu'il augmentera dans l'autre, et sera $\frac{1}{80}+\frac{1}{80}=\frac{1}{40}$, un degré qui trouble déjà sensiblement la vue. Il est clair que dans la position la plus défavorable on obtient la somme, dans la plus avantageuse au contraire la différence des actions astigmatiques de la lentille cylindrique et de l'œil.

10° *Méthode de* Stokes. — Le savant illustre auquel on doit la découverte des changements de réfrangibilité de la lumière, avait très bien compris que la méthode d'Airy ne pouvait donner des résultats satisfaisants que lorsque, pendant la détermination successive du point le plus éloigné de la vision distincte dans les deux méridiens principaux, l'accommodation de l'œil restait parfaitement en repos. Sa méthode élimine cette cause d'erreur. Il détermine le degré de l'astigmatisme au moyen d'une lentille astigmatique, dont l'action peut, d'une manière aussi simple qu'ingénieuse, être réglée de telle sorte qu'on puisse exactement lui donner le degré qui corrige l'astigmatisme de l'œil. J'ai fait confectionner de pareilles lentilles, et je donne la description de cet appareil sous la forme qui m'a paru la plus convenable; le principe est parfaitement le même que celui de la *lentille astigmatique* de STOKES, aussi je lui conserverai ce nom.

Fig. 12, B, représente une coupe de l'appareil. Il est composé de deux lentilles cylindriques, l'une plan-convexe, de $\frac{1}{10}$, *l*, et l'autre plan-concave, de $-\frac{1}{10}$, *l'*. La première est fixée dans le court cylindre de laiton K, la seconde dans K'; les cylindres s'adaptent exactement l'un sur l'autre et peuvent tourner l'un sur l'autre autour de leur axe. De cette manière les deux lentilles *l l'*, dont les côtés plans sont tournés l'un contre l'autre et séparés seulement par un intervalle très petit, exécutent également une rotation l'une sur l'autre.

FIG. 12.

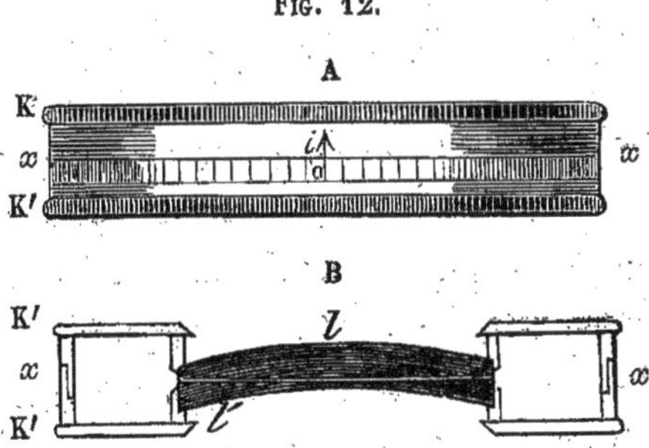

Fig. 12, A, représente l'extérieur de l'instrument. On remarque sur K un indicateur *i*, sur K' une division en degrés. Si l'indicateur montre 0 ou 180 degrés, alors les axes des deux cylindres sont parallèles, et la section des lentilles apparaît comme en B, et elles peuvent, réunies, être envisagées comme une seule lentille concave-convexe à rayons de courbure égaux sur les deux surfaces et dont l'action est à peu près = 0. Si l'indicateur montre 90 ou 270 degrés, alors les axes des verres cylindriques sont perpendiculaires l'un sur l'autre. Le système a alors son maximum m d'action astigmatique : un plan de rayons parallèles coïncidant avec l'axe de l ne subirait par l aucune déviation, mais par l' il convergerait vers son foyer situé à dix pouces ; par contre, un plan de rayons parallèles coïncidant avec l'axe de l' serait rendu divergent par l, comme s'ils venaient d'un point situé à 10″, en avant de la lentille, et l' ne les fera pas dévier de cette direction. Dans l'un des méridiens, nous obtenons donc ainsi un astigmatisme de $\frac{1}{10}$, dans l'autre de $-\frac{1}{10}$, et l'astigmatisme m des rayons réfractés dans cette position des lentilles est $= \frac{1}{5}$. On voit donc qu'une rotation de 0 à 90 degrés fait monter l'astigmatisme de 0 à $\frac{1}{5}$, et par une simple formule :

$$As = m \sin \alpha ,$$

on peut calculer l'astigmatisme pour chaque angle que font entre eux les axes des lentilles. Pour plus de facilité, on a marqué sur l'instrument des degrés déterminés d'astigmatisme, ce qui rend le calcul superflu.

La manière de faire usage de cet instrument est facile à comprendre. Si quelqu'un ayant parfaitement accommodé ou réduit son œil pour la distance, n'a pas une vision aussi nette qu'à l'état normal et qu'on suppose l'existence de l'astigmatisme, on donnera à l'instrument approximativement le degré d'astigmatisme que les troubles fonctionnels font supposer (plutôt trop faible que trop fort), et on le fera tourner devant l'œil, qui, pendant ce temps, regarde toujours des lettres éloignées. Si l'on remarque une amélioration dans une direction, on peut alors augmenter ou diminuer l'action de la lentille astigmatique de la manière indiquée plus haut jusqu'à ce qu'on ait obtenu le maximum de netteté. Qu'on ne croie pas cependant avoir atteint son but. En effet, l'œil est rarement accommodé exactement pour la distance à laquelle se trouvent les lettres. La lentille astigmatique dispose l'œil à l'hypermétropie dans le méridien de maximum de courbure exactement autant qu'à la myopie dans celui de minimum, et l'on n'obtiendra l'emmétropie (vision distincte à distance) que lorsque l'œil, sans lentille astigmatique, aura choisi un verre au moyen duquel il sera réduit dans ses deux méridiens à un degré égal d'amétropie (tant myopie que hypermétropie). On y arrive quelquefois, et le but est alors immédiatement atteint, mais l'expérience prouve que c'est là l'exception. Ordinairement après la correction de l'astigmatisme, il reste un certain degré d'amétropie, et c'est là la raison pour laquelle on doute quelquefois que l'astigmatisme ait été corrigé aussi parfaitement que possible. S'il reste un peu de myopie, on peut s'en apercevoir tout de suite en rapprochant les objets; si alors la vision devient plus nette, on peut de nouveau modifier et régler la lentille astigmatique; cependant, lorsque après avoir longtemps cherché de la sorte, on arrive à un résultat exact, il faut encore un très long calcul pour déduire du numéro du verre sphérique, de l'action de la lentille astigmatique et de la distance à laquelle on voit nettement à l'aide de ce système, l'amétropie dans les deux méridiens, une donnée qu'il nous faut connaître. Si, par contre, il reste de l'hypermétropie, alors, à moins que l'accommodation ne s'en mêle, on ne trouve aucune distance à laquelle la vision soit assez nette pour régler parfaitement l'action de la lentille astigmatique, et il est nécessaire d'ajouter une seconde lentille sphérique (une positive) pour obtenir à distance le maximum d'acuité de la vision.

On voit d'après ce qui précède, que cette méthode n'est pas très commode pour la pratique. Les meilleurs résultats qu'on puisse en attendre sont encore ceux que l'on obtient lorsque l'on a réduit l'œil à un degré connu de myopie (à l'aide de verres sphériques), et qu'alors on fait essayer de près par quelle action de la lentille astigmatique on peut le mieux lire. Il est cependant difficile que les lentilles soient parfaitement centrées devant l'œil, et cela pourra rendre moins sûre l'appréciation de la netteté de la vision, et, après tout, on n'apprend ainsi à connaître que le degré de l'astigmatisme, nullement la réfraction dans chacun des méridiens principaux.

Pour toutes ces raisons, la méthode décrite *sub* 4°, mérite la préférence, et la lentille astigmatique de Stokes ne doit servir que pour contrôler. Mais si l'on a préalablement déterminé le verre sphérique qui donne dans les deux méridiens principaux une amétropie égale (tant myopie qu'hypermétropie), alors on peut, à l'aide de la lentille astigmatique, déterminer très exactement le degré de l'astigmatisme, et ici on a l'avantage de pouvoir en régler l'action d'une manière simple et précise : cette précision pourra même faire découvrir et corriger de petites inexactitudes dans les résultats obtenus par la méthode sus-mentionnée. C'est ici le lieu de rappeler que nous nous sommes déjà servi précédemment (p. 30) de la lentille de STOKES pour construire un appareil destiné à démontrer sur un écran les phénomènes de l'astigmatisme à des degrés très différents. Les explications que nous venons de donner développent et font mieux comprendre ce que nous avons dit alors.

B. Il nous reste maintenant à traiter rapidement des *symptômes objectifs* de l'astigmatisme.

Ils sont moins importants que les subjectifs, en tant qu'ils ne font généralement pas reconnaître avec la même certitude l'existence de l'asymétrie, et que jamais ils ne permettent d'en déterminer le degré avec la même exactitude. Mais ils ont une grande importance par le rapport qu'ils ont avec la cause de l'affection. Ceci s'applique surtout aux phénomènes qui dépendent de la forme du globe de l'œil. L'examen ophthalmoscopique fait découvrir une seconde série de symptômes objectifs.

1° L'astigmatisme est surtout fréquent chez les hypermétropes. Lorsque chez eux l'acuïté de la vision n'est pas normale, l'asymétrie en est ordinairement la cause. C'est pourquoi les signes objectifs de l'hypermétropie ne sont pas sans valeur. Dans ce nombre nous mentionnerons un visage aplati, n'ayant que peu de relief; une faible courbure de la surface antérieure de la sclérotique avec incurvation rapide à l'équateur (que l'on peut voir et sentir au côté externe de l'œil, tandis qu'il est autant que possible tourné en dedans), et par conséquent un axe optique court; une chambre antérieure peu profonde; une pupille très petite et l'apparence d'un strabisme divergent. La cornée fournit souvent des signes plus décisifs. Quelquefois on reconnaît immédiatement l'asymétrie; ou bien elle est dans le diamètre vertical plus courte qu'à l'ordinaire, ou bien elle s'étend plus en arrière (par suite d'une courbure plus forte), de telle sorte que la section menée entre la cornée et la sclérotique n'est pas dans un plan. Dans d'autres cas, nous nous apercevons de la différence de grandeur des images réfléchies dans la direction verticale et dans l'horizontale. Un carré, par exemple la planchette décrite plus haut (p. 49) est réfléchie avec un diamètre transverse plus considérable. L'asymétrie de la cornée est alors démontrée, et généralement elle répond à celle du système entier. On retrouve même cette différence dans la forme de la sclérotique, et l'on peut parfois, déjà sur le vivant, surtout chez des hymermétropes, se convaincre que l'axe vertical du globe oculaire est sensiblement plus petit que l'horizontal.

2° L'examen ophthalmoscopique donne de même chez les hypermétropes l'indication la plus certaine de l'existence de l'astigmatisme. Dans un œil normal (à moins qu'on ne soit soi-même astigmatique), on voit, en accommodant également, les vaisseaux qui sortent dans diverses directions de la surface du nerf optique avec la même netteté. Ce n'est plus le cas dans un œil astigmatique. On observera que pour voir distinctement les uns après les autres les vaisseaux qui entourent le nerf optique, on devra modifier l'accommodation de son propre œil. Ordinairement l'emmétrope voit nettement les vaisseaux dont la direction est horizontale lorsqu'il relâche son accommodation, tandis qu'il doit au contraire faire un effort pour apercevoir distinctement ceux dont la direction est verticale. La raison de cette différence saute aux yeux : on ne verra nettement les vaisseaux verticaux que lorsque les rayons qui en émanent en divergeant dans un plan horizontal, se réuniront dans l'œil de l'observateur; or, si l'œil observé est hypermétrope dans le méridien horizontal, les rayons situés dans ce plan continueront à diverger en dehors de l'œil, de telle sorte que l'observateur emmétrope devra faire un effort d'accommodation pour en obtenir la réunion sur la rétine. Par contre, si le méridien vertical est emmétrope, les rayons émanés dans ce méridien des vaisseaux horizontaux seront parallèles en sortant de l'œil, et il faudra que l'accommodation reste en repos pour que ces vaisseaux soient vus distinctement. Lorsqu'on examine le fond de l'œil à l'image renversée, la différence se renverse également, mais en même temps elle est pour plusieurs raisons moins facile à saisir, car, non-seulement la modification que doit subir l'accommodation est plus petite, mais encore la direction de l'axe de la lentille tenue devant l'œil a une très grande influence et peut corriger la différence.

Le docteur Knapp a déjà mentionné, en 1861, lors du congrès de Heidelberg, un second phénomène que l'on observe dans le fond de l'œil chez les astigmatiques. Je veux parler des changements de forme de la papille du nerf optique. Dans l'examen à l'image droite, le diamètre de la papille semble plus grand dans le méridien de la plus forte courbure, moins grand dans celui du minimum de courbure; le contraire a lieu pour l'image renversée. La modification de forme qui en résulte fournirait une indication très utile si les dimensions réelles de la papille du nerf optique ne variaient pas souvent dans les différentes directions, ce qui les fait voir inégalement grandes, même dans des yeux non astigmatiques. Cependant cette indication n'est point sans valeur.

5

VI

CAUSE ET SIÉGE DE L'ASTIGMATISME ANORMAL.

Il faut considérer l'astigmatisme anormal comme un plus haut degré de la même asymétrie que l'on rencontre dans les yeux normaux. La preuve en est que le siége est le même et la direction des méridiens principaux la même dans les deux cas.

Quant à l'astigmatisme normal (bien que l'influence du cristallin ne soit point exclue et puisse exceptionnellement devenir prédominante), il faut généralement en chercher la cause principale dans la cornée ; et la direction des méridiens principaux, tant pour l'ensemble du système dioptrique que pour la cornée en particulier, est ordinairement telle que le maximum de courbure se rapproche du méridien vertical, le minimum de l'horizontal.

Les mêmes règles s'appliquent à l'astigmatisme anormal, et qui plus est, ces règles souffrent à peine quelques exceptions. S'il n'est pas rare pour l'astigmatisme normal que le méridien de courbure maximum fasse avec le plan horizontal un angle plus petit qu'avec le vertical, je n'en ai point encore rencontré d'exemple pour les degrés anormaux. Et quant au siége, à part quelques cas d'ectopie manifeste du cristallin sur lesquels nous aurons à revenir par la suite, tous les degrés d'astigmatisme assez forts pour occasionner des troubles fonctionnels étaient accompagnés d'une asymétrie considérable de la cornée et en dépendaient directement. C'est précisément le haut degré de cette asymétrie qui explique pourquoi elle conserve sans exception la prépondérance sur l'influence du cristallin.

Le tableau ci-dessous contient les résultats de l'observation :

NUMÉROS.	NOMS.	SEXE.	ŒIL.	I. ρ° horiz. mm.	II. ρ° vertic. mm.	III. F'' horiz. en pouces de Paris.	IV. F'' vertic. en pouces de Paris.	V. As = 1.
1	Vl.	f.	D.	8,00	7,29	1,1737	1,0695	10,78
2	»	»	S.	7,80	7,48	1,1444	1,0975	20,04
3	Vo.	m.	D.	8,29	7,56	1,2163	1,109	9,43
4	»	»	S.	8,14	7,67	1,1943	1,125	14,51
5	Rr.	m.	D.	8,32	7,30	1,221	1,071	6,374
6	»	»	S.	8,38	7,38	1,2295	1,083	6,800
7	Rr. Jr.	m.	S.	8,44	7,69	1,2383	1,1283	9,504
8	Fr.	m.	D.	8,72	7,13	1,2794	1,0461	4,293
9	»	»	S.	8,40	7,25	1,2325	1,0637	5,811
10	Pg.	m.	D.	7,93	7,50	1,1635	1,1004	15,18
11	Rm.	m.	S.	8,74	8,04	1,2814	1,1797	11,02
12	Im.	m.	D.	7,96	7,34	1,1679	1,0770	10,35
13	»	»	S.	8,28	7,33	1,2149	1,0755	7,013
14	Vg.	m.	S.	8,29	7,69	1,2163	1,1283	11,67
15	Dr.	m.	D.	7,69	7,25	1,1283	1,0637	13,90
16	»	»	S.	7,84	7,26	1,1503	1,0652	10,77
17	And.	m.	D.	8,19	7,50	1,2017	1,1004	9,767
18	»	»	S.	8,16	7,43	1,1973	1,0902	9,118
19	Ren.	m.	D.	8,11	7,23	1,1899	1,0607	7,310
20	Sch.	m.	D.	8,91	7,82	1,3073	1,1474	7,019
21	»	»	S.	8,81	7,96	1,2927	1,1679	9,051

Il est calculé de la même manière et d'après les mêmes données que le tableau de la page 25 qui se rapporte à l'astigmatisme normal. Nous avons réuni ici vingt et un cas présentant une diminution de l'acuité de la vision par suite d'astigmatisme anormal.

Dans la plupart de ces cas nous avons fait, tant dans la section verticale que dans l'horizontale, toutes les mensurations nécessaires pour calculer les éléments de l'ellipse. Nous ne les mentionnerons pas ici, comme elles n'ont pas une grande importance pour notre sujet; nous indiquerons seulement que l'excentricité de la section elliptique dans le méridien vertical était toujours très petite. Nous ajouterons aussi que, surtout lorsqu'il existait de l'hypermétropie, la ligne visuelle faisait presque toujours un angle assez grand (7 à 9 degrés) avec l'axe de la cornée, ce qui cependant n'est pas étonnant, car de nombreuses mensurations faites communément avec le docteur Doijer (1) nous ont appris que l'angle que la ligne visuelle fait avec la cornée est généralement considérable chez les hypermétropes.

Le tableau ci-dessus n'a pas besoin de longues explications. Les cinq colonnes renferment :

La première, le rayon mené par la ligne visuelle dans un plan horizontal, exprimé en millimètres.

La deuxième, le rayon mené par la ligne visuelle dans un plan vertical, exprimé en millimètres.

La troisième, la distance focale postérieure de la cornée dans le plan de la colonne I, exprimée en pouces de Paris.

La quatrième, la distance focale postérieure de la cornée, dans le plan de la colonne II, exprimée en pouces de Paris.

La cinquième, en pouces de Paris, la distance focale de la lentille cylindrique, qui, placée dans la direction voulue, immédiatement devant la cornée, rendrait égales les distances focales III et IV. — Le degré de l'astigmatisme résultant de l'asymétrie trouvée dans la cornée est donc 1 : 10,78; 1 : 20,04; etc. — *D.* signifie l'œil droit; *S.*, le gauche (*sinister*). Chez quelques personnes on a mesuré les deux yeux, chez d'autres un seul; en outre, *m.* signifie sexe masculin, *f.*, féminin. En somme, j'ai ren-

(1) *Verslagen en mededeelingen van de Koninkl. Akademie van Wetenschappen*, 1862.

contré l'asymétrie plus fréquemment chez des hommes que chez des femmes ; toutefois d'entre ces dernières, le nombre de celles qui ont été soumises à nos mensurations est relativement moins considérable.

Un coup d'œil sur le tableau ci-dessus fait voir que dans tous les cas, le rayon de la cornée était sensiblement plus petit dans le plan vertical que dans l'horizontal, et qu'ainsi, sans exception, la forme de la cornée expliquait non-seulement le haut degré d'astigmatisme, mais de plus un astigmatisme à distance focale plus courte dans le méridien vertical, ce qui coïncide tout à fait avec ce que nous avions observé, également sans exception, pour l'ensemble du système dioptrique.

La haute importance de l'asymétrie de la cornée est surtout évidente, si l'on examine par comparaison le tableau de la page 25 renfermant les résultats d'observations faites sur des yeux normaux, à acuité de vision parfaite. Ici le maximum d'asymétrie observée reste au-dessous du minimum enregistré dans le tableau de l'astigmatisme anormal, si l'on ne tient pas compte du n° 2 du dernier tableau, chez lequel les troubles fonctionnels étaient peu considérables ($S = \frac{2}{3}$), et du n° 14 du premier tableau, chez lequel un second examen révéla une diminution de l'acuité de la vue ($S = \frac{4}{5}$). — Le n° 7, dont la cornée gauche expliquait les troubles visuels constatés, avait pour l'œil droit une vision parfaite, et l'on trouve, en effet, pour cet œil les rayons de courbure égaux dans les deux plans : ρ^{0} horiz. $= 8{,}11$, ρ^{0} vertic. $= 8{,}10$.

Ces faits prouvent évidemment que l'astigmatisme anormal dépend d'une asymétrie de la cornée.

C'est une autre question de savoir si, dans ces cas où

l'asymétrie de la cornée venait en première ligne, on peut négliger tout à fait l'influence du cristallin. Le tableau ci-dessous, dans lequel on a comparé sur 10 yeux avec l'astigmatisme existant véritablement (colonne IV), celui calculé d'après la forme de la cornée (colonne V), le démontre d'une manière presque suffisante. Le degré de l'astigmatisme (colonne V) a été déduit du degré d'amétropie existant dans les deux méridiens principaux (colonne III), calculé d'après les lentilles nécessaires pour faire voir successivement un point lumineux dans deux directions opposées, comme la ligne la plus mince (colonne VI), pendant la paralysie artificielle de l'accommodation (méth. 8, p. 56). Le résultat démontre qu'à la seule exception de deux cas (n°s 9 et 10), l'astigmatisme véritablement existant surpassait celui que l'on trouvait par les calculs de la forme de la cornée. C'est ce que l'on pouvait attendre si l'influence du cristallin est faible ou tout à fait nulle. Nous avons, en effet, déterminé l'astigmatisme de tout le système dans les deux méridiens principaux qui correspondent à la direction des lignes qui limitent l'intervalle focal. Au contraire, l'astigmatisme dépendant de la cornée a été déterminé d'après les rayons de courbure d'une section verticale et d'une horizontale. Or, les méridiens principaux s'éloignent, dans les dix cas du tableau ci-dessus (voyez colonne VI), plus ou moins de ces sections, et la moindre déviation rend sensiblement plus considérable le plus petit rayon de courbure et diminue également le plus grand. Ceci explique suffisamment les différences trouvées pour 2, 5 et 6, et correspond tout à fait aux différences plus petites de 3, 4, 7 et 8. Quant à la grande divergence du premier cas (n° 1), elle tient à une détermination inexacte de l'astigmatisme. Ces cas ont été examinés alors que je

NUMÉROS.	NOMS.	SEXE.	ŒIL.	I. ρ° horiz.	II. ρ° vertic.	III. Réfraction dans les méridiens principaux. Horiz.	III. Réfraction dans les méridiens principaux. Vertic.	IV. Astigmatisme trouvé.	V. Astigmatisme calculé d'après la cornée.	VI. Direction des méridiens principaux.
1	Vn.	M.	D.	8,29	7,56	$H = \frac{1}{50}$	$M = \frac{1}{5}$	1 : 4,55?	1 : 9,43	
2	»	»	S.	8,14	7,67	$H = \frac{1}{15\frac{1}{2}}$	$M = \frac{1}{36\frac{1}{2}}$	1 : 10,88	1 : 14,51	
3	Br.	»	D.	8,32	7,30	$H = \frac{1}{4\frac{1}{2}}$	$H = \frac{1}{28}$	1 : 5,366	1 : 6,374	
4	Rsr.	»	S.	8,44	7,69	$H = \frac{1}{8}$	E	1 : 8	1 : 9,504	
5	Ad.	»	D.	8,19	7,50	$H = \frac{1}{10}$	$M = \frac{1}{20}$	1 : 6,66	1 : 9,767	
6	»	»	S.	8,16	7,43	$H = \frac{1}{8}$	$M = \frac{1}{50}$	1 : 6,897	1 : 9,118	
7	Rn.	»	D.	8,11	7,23	$H = \frac{1}{5\frac{1}{4}}$	$H = \frac{1}{40}$	1 : 6,715	1 : 7,310	
8	Sn.	»	D.	8,91	7,82	$H = \frac{1}{5\frac{1}{2}}$	$H = \frac{1}{28}$	1 : 6,844	1 : 7,019	
9	»	»	S.	8,81	7,96	$H = \frac{1}{8\frac{1}{2}}$	$H = \frac{1}{60}$	1 : 9,900	1 : 9,051	
10	Vn.	»	S.	8,29	7,69	$H = \frac{1}{45}$	$M = \frac{1}{30}$	1 : 18	1 : 11,67	

ne connaissais pas de méthode plus exacte que celle décrite *sub* 8° (p. 56), et nous avons fait observer qu'elle laissait beaucoup à désirer toutes les fois qu'un astigmatisme irrégulier considérable était en jeu. C'était le cas pour le n° 1, à un tel degré que déjà de prime abord le résultat obtenu fut considéré comme très incertain; et un examen subséquent, fait d'après une autre méthode, a en effet démontré que l'astigmatisme régulier de cet œil n'était point 1 : 4,55, mais environ $\frac{1}{8}$: ainsi s'explique aussi la grande différence trouvée pour ce cas-là. Il ne reste donc plus que les n°s 9 et 10 pour lesquels il faut admettre une influence du cristallin, et cela dans un sens opposé à l'action astigmatique de la cornée. D'après tout ce qui précède, nous sommes en droit de maintenir la conclusion que dans la grande majorité des cas l'astigmatisme anormal a pour cause une asymétrie de la cornée (1).

On se demande maintenant, après avoir constaté l'asymétrie, si le rayon du méridien horizontal est plus grand, ou celui du vertical plus petit que dans l'œil normal symétrique. En premier lieu, nous répondrons qu'ordinairement le rayon du méridien horizontal est sensiblement plus grand. Sur 120 mensurations d'yeux d'hommes à acuité de vision parfaite, j'ai trouvé pour le ρ° dans le méridien horizontal une moyenne de 7,858 millimètres, un maximum de 8,396

(1) Pour mieux établir la comparaison, nous avons, sur 8 à 10 yeux astigmatiques déterminé les rayons de courbure dans le milieu, c'est-à-dire approximativement dans l'axe de la cornée, et dans des plans qui correspondaient à la direction des méridiens principaux. J'en ai déjà fait mention au congrès d'oculistes tenu à Heidelberg, en septembre 1861. La plupart de ces mensurations ont été faites par le docteur Haffmanns. C'est pourquoi je regrette doublement de devoir confesser qu'elles ont été égarées.

et un minimum de 7,291. Dans ce nombre, il y avait plusieurs yeux myopes et hypermétropes, même aux plus hauts degrés, mais sans qu'il en résulte une différence appréciable (1). Les 19 yeux asymétriques, qui, dans le tableau de la page 67, appartiennent à des hommes, donnent au contraire pour le ρ° une moyenne de 8,291, c'est-à-dire presque le maximum trouvé pour les yeux symétriques, et sur ce nombre il n'y en a pas moins de cinq qui dépassent même ce maximum, à savoir : $\rho^\circ = 8,44$, $\rho^\circ = 8,72$, $\rho^\circ = 8,74$, $\rho^\circ = 8,81$ et $\rho^\circ = 8,91$. Quant au ρ° dans le méridien vertical, il est dans les yeux asymétriques plus petit que dans les yeux symétriques, mais la différence est ici moins considérable. La moyenne, pour les premiers (voy. le tableau de la page 67), est ρ° vertical $= 7,439$; quant au ρ° vertical dans des yeux symétriques, je ne possède pas d'autres mensurations que celles de la page 25, qui donnent une moyenne de 7,695. Il en résulte que, lorsque l'œil est asymétrique, le ρ° du méridien horizontal dépasse ordinairement la moyenne, tandis qu'il reste au-dessous dans le méridien vertical.

Outre les difformités congénitales de la cornée, diverses affections acquises peuvent causer l'astigmatisme anormal. Elles méritent une étude spéciale, et nous nous en occuperons au § VIII, en traitant au point de vue clinique des diverses formes de l'astigmatisme. — Enfin il faut encore ajouter que, lorsque la cornée ne présente aucune asymétrie, le cristallin peut être le siége de l'astigmatisme

(1) Comparez : *Verslagen en Mededeelingen van de Koninklijke Akademie van Wetenschappen*, 1860 ; et *Tweede jaarlijksch verslag betrekkinlijk de verplegeg en't onderwijs in her Nederlandsch gasthuis voor ooglijders, met wetenschappelijke bijbladen*. Utrecht, 1861, p. 25.

anormal. Dans ces cas j'ai toujours pu constater une déviation sensible dans la *position* du cristallin, de telle sorte que je n'eus jamais de raison d'admettre comme cause de l'astigmatisme un changement dans la *forme* du cristallin.

Il est excessivement difficile de déterminer d'une manière exacte la part de l'astigmatisme de tout le système dioptrique qui revient au cristallin. Il n'est pas question, pour le moment, de pouvoir, par un examen objectif, déterminer dans l'œil vivant l'asymétrie des surfaces de courbure du cristallin. Exclure l'action de la cornée en plongeant l'œil dans un court cylindre rempli d'eau et limité antérieurement par une lentille remplaçant la cornée (méthode de Young), rencontre des difficultés pratiques de diverse nature. Il ne reste donc pas d'autre moyen que de déterminer, d'un côté, par l'examen subjectif, l'astigmatisme de l'œil (d'après la méthode décrite *sub* 5°); de mesurer exactement, d'un autre côté, au moyen de l'ophthalmomètre, l'astigmatisme de la cornée, et de comparer le résultat obtenu avec l'astigmatisme total. Mais pour cela il faut connaître les rayons de courbure de la cornée dans les méridiens principaux, et rien ne permet d'admettre à priori qu'ils coïncident avec les méridiens principaux de l'ensemble du système dioptrique ; et si même on avait le droit de l'admettre, il serait toujours difficile de donner à la tête une position telle que ces méridiens fussent exactement dans la direction de la verticale et de l'horizontale. Comme, en outre, pour calculer le rayon du *sommet* de la cornée, il faut successivement faire regarder des points de vision différents, on doit s'attendre encore à des variations dans la direction des méridiens par suite des mouvements de l'œil. Il ne reste donc pas d'autre moyen que de faire mouvoir les lumières elles-mêmes dans un plan vertical autour d'un point vers lequel soit dirigé l'axe de la cornée aussi bien que celui de l'ophthalmomètre : c'est ainsi qu'on fait réfléchir les lumières successivement dans les divers méridiens de la cornée, tandis qu'on donne aux plaques de verre de l'ophthalmomètre une inclinaison égale. Nous venons d'organiser nos appareils de telle sorte, que nous serons à même de déterminer dans tous les méridiens le rayon de courbure du sommet de la cornée. Nous communiquerons plus tard les résultats obtenus par ce moyen. La plus grande difficulté est de trouver le point de vision, de telle sorte que l'axe de la cornée soit exactement dirigé sur le point autour duquel s'exerce le mouvement de rotation des lumières. Une fois cela obtenu, les mensurations sont bientôt faites.

Je ne veux pas négliger de mentionner que les plans horizontaux et verticaux dont nous avons indiqué les rayons dans le tableau ci-dessus, non-seulement ne sont pas des méridiens principaux, mais ne sont même pas des méridiens. Les mensurations ont eu lieu pendant que la ligne de vision était dirigée sur l'axe de l'ophthalmomètre, c'est-à-dire sur un point situé au milieu, entre les flammes dont on a mesuré les images réfléchies : ce sont donc des plans menés par la ligne de vision, et non par l'axe visuel, et même dans ces plans, vu la déviation latérale de la ligne de vision, ce rayon trouvé n'est pas le plus petit; cependant l'inexactitude qui en résulte n'est pas assez grande pour diminuer la valeur des conclusions que nous en avons tirées.

VII

DES LENTILLES CYLINDRIQUES, ET DES RÈGLES GÉNÉRALES DE LEUR APPLICATION.

On peut, comme on l'a vu, produire l'astigmatisme régulier en ajoutant une lentille cylindrique à une sphérique.

L'action d'une lentille cylindrique, d'un autre côté, peut être annulée par une seconde lentille pareille et de distance focale égale. Si ces lentilles cylindriques sont toutes deux ou positives ou négatives, alors, pour qu'elles se neutralisent réciproquement, les axes des surfaces cylindriques doivent être perpendiculaires l'un sur l'autre; si, au contraire, l'une est positive, l'autre négative, le même effet a lieu lorsque les axes sont parallèles. Nous avons un exemple de ce dernier cas dans la lentille astigmatique de STOKES (voy. p. 59); son action est $= 0$, lorsque les axes sont parallèles. Nous voyons le premier cas dans les loupes d'horlogers qui présentent deux surfaces cylindriques d'égale distance focale, et dont l'action, grâce à l'entrecroisement des axes de ces plans, est approximativement la même que celle des loupes biconvexes ordinaires. Si les deux surfaces cylindriques sont concaves, on obtient, en croisant les axes, la neutralisation de l'astigmatisme en même temps que l'action d'une lentille sphérique négative.

De même que l'action d'une lentille cylindrique peut être corrigée par une seconde lentille pareille, ainsi l'astigmatisme régulier peut être corrigé par une lentille cylindrique. Pour bien se représenter cette correction, que l'on fasse avec son propre œil les expériences qui le démontrent. Une lentille cylindrique d'environ $\frac{1}{10}$ rend astigmatique, et donne lieu à des troubles visuels particuliers, déjà décrits précédemment. Une seconde lentille cylindrique de $-\frac{1}{10}$ d'axe parallèle neutralise tout à fait l'action de la première, de telle sorte que l'on s'aperçoit à peine de la présence des verres devant l'œil. Si, par contre, la seconde lentille cylindrique est également positive de $\frac{1}{10}$, comme la première, alors, lorsque les axes sont perpendiculaires l'un sur l'autre, l'astigmatisme est neutralisé, mais l'œil est devenu myope à un degré tel, que le point le plus éloigné de la vision distincte, pour un œil auparavant emmétrope, se trouve (sans tenir compte de la distance qui sépare le verre de l'œil) à 10 pouces ($M = \frac{1}{10}$).

Les verres nécessaires pour corriger les divers degrés d'astigmatisme peuvent être ramenés à trois types principaux :

I. *Verres cylindriques simples* (fig. 13). — De même que les verres sphériques, ceux-ci ont, ou bien une distance focale positive (A, B, C), ou une négative (D, E, F); nous appelons simplement les premiers *positifs*, les seconds *négatifs*. Lorsque les deux surfaces sont cylindriques, leurs axes sont parallèles. Pour donner une idée exacte de leur forme, ils sont représentés aussi bien sur une coupe perpendiculaire à l'axe (fig. 13, I) que sur une coupe menée par l'axe (fig. 13, II) : *a* désigne la surface antérieure ; *p*, la postérieure.

A. Parmi les *positifs*, nous avons :

1° Les biconvexes (fig. 13, A);

2° Les plan-convexes (B);

3° Les concaves-convexes, ou ménisques positifs (C).

B. Parmi les *négatifs* :

1° Les biconcaves (D);

2° Les plan-concaves (E);

3° Les convexes-concaves, ou ménisques négatifs (F).

Quant à la bonté des verres, les mêmes règles s'appliquent aux cylindriques et aux sphériques : les plan-convexes et les plan-concaves donnent la plus forte aberration ; les biconvexes (pourvu qu'ils ne soient pas trop forts) et les biconcaves sont en général très bons ; les ménisques ont l'avantage d'être périscopiques.

Quant aux verres cylindriques simples, il nous faut les avoir depuis $\frac{1}{50}c$ à $\frac{1}{5}c$, et depuis $-\frac{1}{50}c$ à $-\frac{1}{5}c$, c'est-à-dire, de 50 à 5 pouces de Paris de distance focale tant positive que négative. Il est à peine besoin d'ajouter que cette distance focale existe seulement dans le plan perpendiculaire à l'axe de la courbure cylindrique, tandis que

Fig. 13.

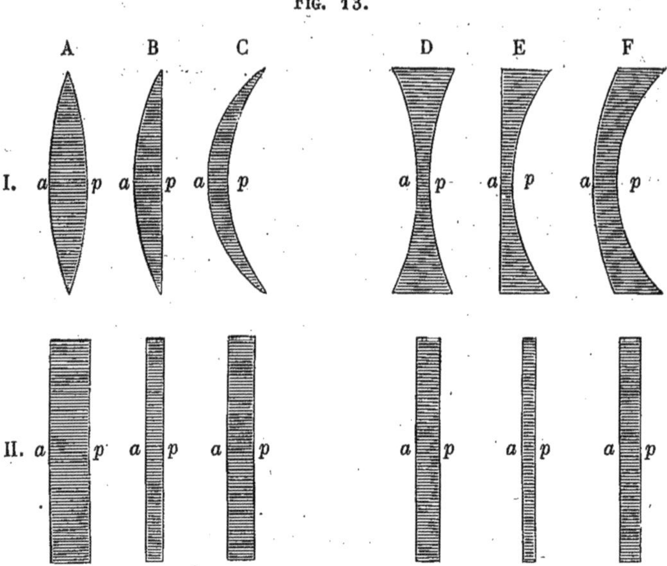

pour le plan mené par l'axe même, la distance focale est infinie ; en conséquence, les verres cylindriques n'ont dans cette dernière direction aucune action sur le foyer du système dioptrique auquel on les ajoute.

Pour exprimer leur nature et leur force, nous nous servons, comme on a déjà pu le voir, des mêmes formules que pour les verres sphériques, en ajoutant un *c*.

II. *Verres bicylindriques* (fig. 14). — Ces verres ont deux surfaces courbes cylindriques dont les axes sont dirigés perpendiculairement l'un sur l'autre (I, *a*, et II, *p*). Lorsque les deux courbures sont cylindriques, mais avec leurs axes parallèles, ils rentrent dans la catégorie des verres cylindriques simples, soit biconvexes, soit biconcaves, soit ménisques, tels que nous les avons décrits plus haut (fig. 13, A, C, D et F). Quant aux bicylindriques, ils ont ordinairement une surface convexe, l'autre concave, comme le représentent les deux sections menées par chacun des axes (fig. 14, I, *a*, et II, *p*). De tels verres bicylindriques font que des rayons incidents parallèles sont, après la réfraction, convergents dans le plan d'un des axes, divergents dans l'autre. On peut exprimer leur action par les formules de chacune des deux surfaces réunies par le signe d'un angle droit ⌈. L'expression d'une lentille bicylindrique de 12″ de distance focale positive dans un plan perpendiculaire à l'axe de la surface convexe cylindrique, et de 24″ de distance focale négative dans le plan perpendiculaire à l'axe de la surface concave cylindrique, sera donc :

FIG. 14.

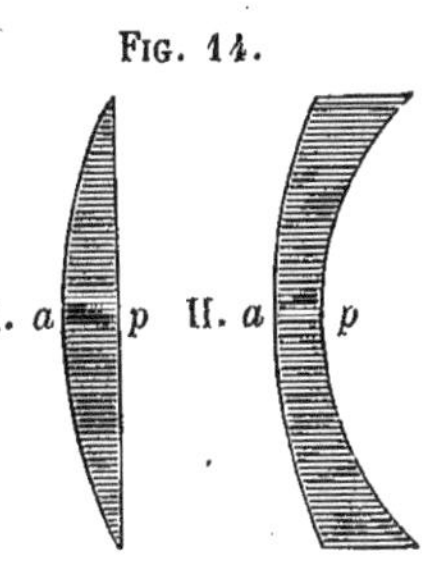

$$\frac{1}{12}\,c \ulcorner -\frac{1}{24}\,c.$$

III. *Verres sphéro-cylindriques.* — L'une des surfaces de ces verres présente une courbure sphérique (fig. 15, I et II, *a*, *a*), et l'autre une courbure cylindrique (I et II, *p*, *p*). On se sert seulement de ceux qui ont les deux surfaces, ou convexes (A), ou concaves (B). On peut se représenter ces lentilles comme une combinaison d'une lentille plan-cylindrique avec une plan-sphérique, et on les obtient, en effet, toutes deux lorsqu'on coupe une lentille sphéro-cylindrique dans un plan perpendiculaire à l'axe de la surface sphérique.

L'action d'une lentille sphéro-cylindrique est la même que

celle des deux lentilles combinées, et on l'exprimera par les formules de chacune des surfaces réfringentes unies par le signe de la combinaison $\supset$. Si la surface sphérique, en tant que lentille plan-convexe, a une distance focale de 12″, la courbure cylindrique, également plan-convexe, une distance focale de 24″, nous écrirons :

Fig. 15.

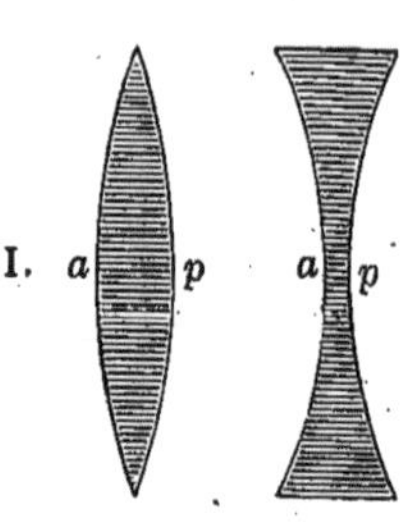

$$\frac{1}{12} s \supset \frac{1}{24} c.$$

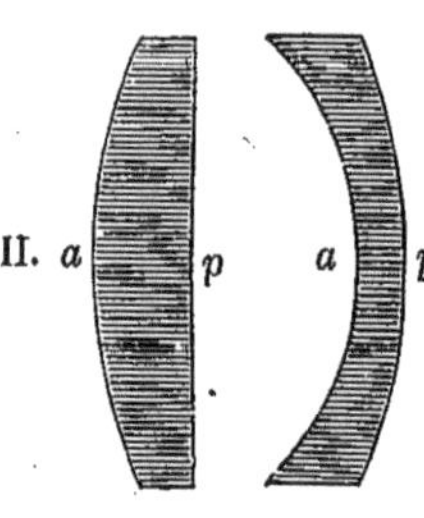

Ce qui signifie que la distance focale positive sur une section menée par l'axe de la surface cylindrique est $=$12″, et sur une section perpendiculaire à cet axe $\left(\frac{1}{12} + \frac{1}{24} = \frac{1}{8}\right) = 8''$. Si la surface sphérique plan-concave représente une lentille $-\frac{1}{18}$, la surface cylindrique une lentille plan-cylindrique $-\frac{1}{9}$, nous aurons une lentille combinée sphéro-cylindrique :

$$-\frac{1}{18} s \supset -\frac{1}{9} c,$$

dont la distance focale négative sera 18″ dans l'axe de la surface cylindrique, et 6″ $\left(\frac{1}{18} + \frac{1}{9} = \frac{1}{6}\right)$ perpendiculairement à cet axe.

On comprend maintenant facilement quels verres cylindriques corrigeront les diverses formes de l'astigmatisme (voy. p. 52). Supposons d'abord que nous voulions, en même temps que l'astigmatisme, corriger l'amétropie, c'est-à-dire ramener à l'infini ($R = \infty$) le point le plus éloigné de la vision distincte, nous trouvons alors :

1° L'astigmatisme myopique simple sera corrigé par une simple lentille cylindrique négative (fig. 13, D, E, F), d'une distance focale correspondant au degré de l'astigmatisme :

$$Am = \frac{1}{6}$$

par des verres de $-\frac{1}{5\frac{1}{2}}\,c$, placés à $\frac{1}{2}''$ en avant du point nodal.

2° L'astigmatisme myopique composé nécessite une lentille sphéro-cylindrique. Ainsi, sans tenir compte de la distance du verre au point nodal,

$$M - \frac{1}{20} + Am\,\frac{1}{20}$$

sera corrigé par

$$-\frac{1}{20}\,s \supset -\frac{1}{20}\,c \text{ (voy. fig. 15, B).}$$

3° L'astigmatisme hypermétropique simple Ah sera corrigé par de simples verres cylindriques positifs (fig. 13, A, B, C), correspondant au degré de l'astigmatisme. Ainsi, pour

$$Ah = \frac{1}{8},$$

il faudra un verre

$$\frac{1}{8\frac{1}{2}}\,c,$$

placé à $\frac{1}{2}''$ du point nodal.

4° L'astigmatisme hypermétropique composé exigera des verres positifs sphéro-cylindriques :

$$H\,\frac{1}{18} + Ah\,\frac{1}{9}$$

sera corrigé (sans tenir compte de la distance du verre au point nodal) par

$$\frac{1}{18}\,s \supset \frac{1}{9}\,c.$$

5° Enfin l'astigmatisme mixte cédera à des verres bicylindriques.

$$\text{Amh} = \frac{1}{8},$$

composé de

$$\text{M}\,\frac{1}{12} + \text{H}\,\frac{1}{24},$$

sera corrigé par

$$\frac{1}{24}\,c \ulcorner - \frac{1}{12}\,c,$$

et

$$\text{Ahm} = \frac{1}{8},$$

composé de

$$\text{H}\,\frac{1}{12} + \text{M}\,\frac{1}{24},$$

par

$$\frac{1}{12}\,c \ulcorner - \frac{1}{24}\,c.$$

Ces quelques exemples suffiront pour guider dans le choix des verres, lorsque avec l'astigmatisme on veut corriger l'amétropie. Mais on ne désire pas toujours atteindre ce double but. S'il est vrai que la correction de l'astigmatisme améliore toujours la vue et qu'on peut y avoir recours dans tous les cas, il n'est pas toujours désirable de ramener en même temps l'œil à l'état d'emmétropie. Quant à cette réduction, la complication de l'astigmatisme ne modifie en rien les règles générales applicables à l'amétropie. Mon intention ne peut donc pas être de les développer ici. Je dois, du moins pour la myopie, m'en tenir aux principes et démontrer comment, les indications une fois établies, on peut atteindre son but, même en présence de l'astigmatisme.

Nous savons que l'on détermine l'amétropie au moyen de la plus grande distance R de la vision distincte, en l'absence de tout effort d'accommodation, et qu'on le corrige en ramenant le point R à l'infini. Si le verre est placé à $\frac{1}{2}''$, en avant du point nodal,

$$M = \frac{1}{6}$$

sera corrigé par des verres de

$$-\frac{1}{5\frac{1}{2}};$$

$$H = \frac{1}{6},$$

par des verres de

$$\frac{1}{6\frac{1}{2}}.$$

Quant à l'*hypermétropie*, pour autant qu'elle est manifeste, il faut dans tous les cas la neutraliser. On sait cependant que, lorsque l'accommodation est considérable, il n'est pas possible de déterminer exactement la portion manifeste de l'hypermétropie, et que pour le même œil elle est tantôt plus grande, tantôt plus petite. Il faudra alors donner comme lunette, pour porter continuellement, les verres qui corrigent le plus *haut* degré d'hypermétropie manifeste observé pendant tout l'examen ; puis, lorsque, sous l'influence de ces verres, la portion manifeste de l'hypermétropie augmente, on passera systématiquement à des verres de plus en plus forts. — Les mêmes verres serviront pour travailler sur des objets rapprochés. C'est à la pratique à démontrer s'ils sont suffisants. Si une grande partie de l'hypermétropie est latente, il est presque à prévoir que les verres seront insuffisants et ne garantiront pas des symptômes de l'asthénopie, si l'effort de l'accommodation est quelque peu prolongé. Dans ce cas il est inutile ou même nuisible d'insister plus longtemps sur l'usage des mêmes verres : il est alors prouvé que, pour un travail rapproché, il faut se servir de verres plus forts qui ne corrigent pas seulement l'hypermétropie manifeste, mais en outre environ la moitié de la latente. Cependant, après le travail, il faudra chaque fois remplacer les lunettes plus fortes par les plus faibles qui ne corrigent que l'hypermétropie manifeste. — Il serait préférable que l'hypermétropie fût tout entière manifeste ; on la corrigerait alors complétement par des verres qui serviraient aussi bien pour la vision à distance que pour le travail Mais il est rare d'obtenir ce résultat. D'abord, l'hypermétrope s'est tellement habitué à un effort constant d'accommodation, qu'il lui est difficile de s'en abstenir tant que l'accommodation conserve encore une certaine activité ; d'un autre côté, j'ai pu me convaincre par le calcul que l'addition d'un verre convexe, en modifiant l'appareil dioptrique de l'œil d'une manière déterminée, diminuait en même temps la latitude de l'accommodation. Cette dernière circonstance a encore pour résultat que, lors même que l'accommodation peut se relâcher complétement, l'hypermétrope a, pour le travail rapproché, besoin de verres plus forts que ceux qu'il porte continuellement, et cela déjà avant l'âge auquel l'œil emmétrope devient ordinairement presbyope.

Les règles qui fixent l'usage des verres dans les cas d'hypermétropie sont très simples, comme on a pu le voir d'après ce qui précède, et il est facile de les formuler en quelques mots d'une manière très suffisante. Il ne m'est pas possible d'en faire autant pour la *myopie*. Pour choisir les verres, il faut tout d'abord répondre à la question suivante : A quelle distance faut-il ramener le point le plus éloigné de la vision distincte? Mais cette réponse même est difficile à donner d'une manière générale. Nous savons que pour corriger complétement la myopie, cette distance doit être à l'infini. On peut la corriger ainsi, d'abord, lorsque les verres servent exclusivement pour la vision à de grandes distances ; un lorgnon que l'on ne tient devant l'œil que de temps en temps, pour voir nettement à distance, peut neutraliser complétement la myopie. En second lieu, on peut le faire aussi pour des lunettes qui doivent être portées continuellement, et qui même peuvent servir à un travail rapproché, pourvu que la myopie soit faible en comparaison de la latitude de l'accommodation, et que, du reste, l'œil soit sain. Surtout chez de jeunes sujets, l'œil myope s'habitue facilement, soit immédiatement, soit graduellement, à une correction complète, et, vu que, grâce à la présence du verre concave devant l'œil, une modification déterminée du cristallin produit une plus grande latitude de l'accommodation, la fatigue se fait moins sentir même pour le travail rapproché. — Dans tous les autres cas, il ne faut corriger la myopie que partiellement, et, lorsqu'elle est compliquée d'une amblyopie, il faut souvent interdire complétement l'emploi de verres faibles pour la vision d'objets rapprochés. Du reste, pour déterminer la distance à laquelle on veut ramener R, il faut tenir compte de plusieurs facteurs : du degré de la myopie, de la grandeur de la latitude de l'accommodation, de la courbe de la latitude relative, de l'état de l'œil et de ses muscles, enfin de la nature du travail et de la distance à laquelle il doit être exécuté. Nous devons nous borner à la simple énumération de ces facteurs. Ce n'est point ici le lieu de rechercher et d'apprécier la signification et l'influence de chacun d'eux en particulier.

Il ne nous reste qu'à indiquer comment, lorsque l'on a fixé la distance à laquelle on veut ramener R, on trouvera par le calcul le verre nécessaire dans un cas où il existe une complication d'astigmatisme.

Pour déterminer l'astigmatisme, nous avons tout d'abord recherché la réfraction dans les deux méridiens principaux. Nous en avons déduit l'amétropie commune et ajouté le degré de l'astigmatisme comme valeur séparée. C'est ainsi que nous avons trouvé la formule pour l'astigmatisme composé tant hypermétropique que myopique. Si maintenant nous revenons aux méridiens principaux, la méthode pour trouver le verre qui, neutralisant l'astigmatisme, donne à R, dans tous les méridiens, la valeur voulue, est très simple. Donner à R une valeur de 40″, 20″, 12″ ne signifie pas autre chose que de communiquer à l'œil une myopie de $\frac{1}{40}$, $\frac{1}{20}$, $\frac{1}{12}$, ou bien de réduire à cette valeur la myopie existante. Nous n'avons pour cela qu'à soustraire le degré désiré de myopie de la réfraction trouvée dans les deux méridiens principaux, et si nous donnons alors des verres qui corrigent complétement, dans chacun des méridiens, l'amétropie restante, nous conserverons justement le degré voulu de myopie.

Les exemples suivants expliqueront notre pensée.

1° Supposé qu'on ait trouvé :

Dans le méridien principal H, emmétropie,

Dans le méridien principal V, $M = \frac{1}{6}$,

et que l'on désire ramener R à 18″, nous obtiendrons par soustraction :

Dans H, emmétropie $- M\frac{1}{18} = H\frac{1}{18}$,

Dans V, $M\frac{1}{6} \quad - M\frac{1}{18} = M\frac{1}{9}$;

et pour la correction, il faudra un verre bicylindrique de :

$$\frac{1}{18}\, c \ulcorner -\frac{1}{9}\, c.$$

2° Soit dans le méridien principal H, $M = \frac{1}{20}$,

Soit dans le méridien principal V, $M = \frac{1}{10}$,

et que l'on veuille ramener R à 20″, nous trouverons, en soustrayant $M\,\frac{1}{20}$,

Dans H, $M\,\frac{1}{20} - M\,\frac{1}{20} =$ emmétropie,

Dans V, $M\,\frac{1}{10} - M\,\frac{1}{20} = M\,\frac{1}{20}$;

de telle sorte que le but serait atteint par une simple lentille cylindrique de $-\frac{1}{20}\,c$.

3° Soit en H, $H = \frac{1}{6}$,

Soit en V, $H = \frac{1}{18}$,

on désire, pour lire, écrire, etc., ramener R à 18″; nous aurons pour soustraction :

En H, $H = \frac{1}{6} - M\,\frac{1}{18} = H + \frac{1}{4\frac{1}{2}}$,

En V, $H = \frac{1}{18} - M\,\frac{1}{18} = H + \frac{1}{9}$;

ce que l'on corrigera (voy. p. 81, *sub* 4°) par

$$\frac{1}{9}\, s \frown \frac{1}{9}\, c.$$

4° Dans un cas d'astigmatisme, soit :

$$\text{En V, } M = \frac{1}{12},$$

$$\text{En H, } H = \frac{1}{24}.$$

Si l'on veut R à 24″, on obtiendra par soustraction :

$$\text{En V, } M\frac{1}{12} - M\frac{1}{24} = M\frac{1}{24},$$

$$\text{En H, } H\frac{1}{24} - M\frac{1}{24} = H\frac{1}{12};$$

de telle sorte que pour le but proposé, il faudra un verre bicylindrique de

$$\frac{1}{12} c \ulcorner - \frac{1}{24} c.$$

On peut, dans tous les cas, suivre la méthode, quelque peu compliquée, que nous venons de développer, mais cela n'est point toujours nécessaire. Lorsque, par exemple, dans un cas d'astigmatisme myopique composé, le degré de la myopie est considérable et qu'on désire en conserver une partie, il faut alors seulement réduire la myopie au degré désiré. Ainsi dans un cas de M $\frac{1}{6}$ + Am $\frac{1}{12}$ on désire conserver M $\frac{1}{18}$; on l'obtiendra en soustrayant M $\frac{1}{18}$, et le restant M $\frac{1}{9}$ + Am $\frac{1}{12}$ sera corrigé par $-\frac{1}{9} s \frown\!\!\!\smile -\frac{1}{12} c$. De même, dans un cas d'astigmatisme hypermétropique composé, on n'aura qu'à augmenter l'hypermétropie à corriger de la valeur que l'on veut obtenir pour R. Ainsi, par exemple, dans

$$H\frac{1}{18} + Ah\frac{1}{9},$$

on ramènera R à 18″ avec

$$\frac{1}{9} s \frown\!\!\!\smile \frac{1}{9} c.$$

Dans tous ces calculs nous avons, pour plus de simplicité, laissé de côté la modification résultant de la distance du verre au point nodal. En effet, lorsque les verres nécessaires ne sont pas très forts, l'influence de cette distance est assez faible pour qu'on puisse la négliger dans la pratique.

Il est de la plus haute importance, dans l'emploi des verres cylindriques, que les axes des surfaces courbes soient situés dans la direction des méridiens principaux du système dioptrique de l'œil : une petite déviation, surtout lorsque les verres sont forts, occasionne des troubles très sensibles. Le moyen le plus facile d'atteindre ce but est de faire monter des verres taillés en rond dans une monture à anneaux ronds, de telle sorte que l'on puisse facilement, par une rotation du verre, donner à l'axe de la courbure cylindrique la direction exacte. En imprimant à la lunette entière de légers mouvements, on voit bientôt dans quelle direction il faut encore tourner le verre, et l'on a la preuve qu'il est exactement dans la bonne direction lorsque la moindre inclinaison d'un côté ou de l'autre rend la correction moins parfaite et la vision moins nette. Une fois la direction exacte trouvée pour les verres ronds, on pourra, si on le désire, les rendre ovales et les monter dans une autre monture, mais en conservant la direction des axes. On comprend, d'après ce que nous venons de dire, que, pour l'emploi de verres cylindriques, il faut tout d'abord choisir avec grand soin une monture bien adaptée et peu mobile.

La correction de l'astigmatisme régulier par le moyen des verres cylindriques ne peut pas être absolument parfaite. Sans parler de l'amblyopie, indépendante du système dioptrique, qui complique plusieurs cas d'astigmatisme, l'acuité de la vision doit, même après la correction la plus exacte, laisser encore quelque chose à désirer, parce que l'asymétrie de l'œil astigmatique n'est pas exactement pareille à celle que nous produisons par l'addition d'un verre cylindrique. En outre, la correction est de telle nature, que les seuls foyers postérieurs des divers méridiens sont ramenés en un point, sans que la même chose ait lieu pour chacun des autres points cardinaux. Cela est à peine possible pour les points nodaux ; en effet, si dans le méridien principal de la plus faible courbure il est plus en arrière, la correction par une lentille cylindrique biconvexe le ramène plus en avant que celui du méridien de la plus forte courbure, et inversement, celui qui se trouve plus en avant est reporté plus en arrière par une lentille cylindrique biconcave. Il en résulte que la forme des images, lorsqu'on corrige l'astigmatisme, sera prolongée dans une direction opposée à celle dans laquelle l'allongement avait lieu avant la correction. Ce déplacement trop considérable des points nodaux est d'autant plus faible, que le verre cylindrique sera plus rapproché de la cornée, et pour cela déjà on devra, lorsqu'on fera usage de verres sphéro-cylindriques, tourner du côté de l'œil la face du verre qui ramènera le plus près de l'œil le point nodal de la surface cylindrique. Si les deux faces sont convexes ou concaves, on tournera du côté de l'œil celle qui présentera la plus faible courbure; si l'une est convexe et l'autre concave, ce sera cette dernière. — Les changements de forme résultant des verres cylindriques sont aussi la cause pour laquelle on ne peut pas, aussi bien que pour les verres sphériques, se laisser guider pour le choix des verres par les modifications que subit l'acuité de la vision lorsqu'on change la distance qui sépare le verre de l'œil : presque toujours on préfère avoir le verre très près de l'œil, aussi bien un verre convexe qui serait trop faible, qu'un verre concave trop fort. On comprend, du reste, que, surtout lorsqu'on fera usage de verres bicylindriques, la distance du verre à l'œil devra être très petite, car toujours, à mesure que cette distance augmentera, les images deviendront dans une direction de plus en plus petites et de plus en plus grandes dans l'autre, et sous cette double influence ces changements de forme seront très sensibles. En outre nous ferons encore observer que, dans quelques mouvements de l'œil accompagné d'une rotation autour de l'axe visuel, la direction des axes des courbures cylindriques ne correspond plus exactement avec les méridiens principaux, ce qui rend la correction imparfaite ; il en résulte que l'œil qui voudra faire usage de verres cylindriques sera quelque peu limité dans ses mouvements, si l'on veut éviter toute diminution de l'acuité de la vision. Toutefois il n'y a pas de lunettes qui n'aient une pareille action sur les mouvements de l'œil, et l'expérience a démontré que dans ce cas particulier les inconvénients ne sont point très considérables (1).

Enfin, pour ne rien omettre, disons en deux mots que les changements de l'accommodation dans l'œil astigmatique, surtout après la correction de l'asymétrie, ne représentent pas dans les deux méridiens principaux des latitudes d'accommodation parfaitement égales, de telle sorte que la correction par des verres déterminés ne saurait être également parfaite pour tous les états de l'accommodation ; mais cette différence est si faible, qu'il n'en résulte aucun inconvénient pour la pratique.

Nous avons déjà indiqué précédemment, qu'Airy est le premier qui ait découvert l'astigmatisme anormal (et cela sur son œil gauche) ; il comprit en même temps que l'asymétrie pourrait être corrigée par un verre cylindrique, et il constata en effet que les troubles visuels étaient corrigés par un tel verre. La forme de son astigmatisme était l'astigmatisme myopique composé. Airy

(1) Si l'on regarde de côté un point lumineux en dessus ou en dessous du plan mené par les deux lignes visuelles, en fermant un œil et armant l'autre d'un verre cylindrique, on remarquera que la direction dans laquelle la ligne est allongée est quelque peu modifiée. Cela tient à une rotation de l'œil autour de l'axe visuel. Peut-être pourrait-on en déduire une méthode pour déterminer la quantité de cette rotation dans les divers mouvements de l'œil (voyez la note de la page 35).

comprit que, s'il faisait tailler les deux surfaces concaves cylindriques à axes croisés, à angle droit, il atteindrait son but, si chacune des courbures correspondait au degré de la myopie qui existait dans chaque méridien principal. Mais il préféra avec raison un verre négatif sphéro-cylindrique dont la surface concave sphérique corrigeait la myopie commune aux deux méridiens principaux, et la surface concave cylindrique l'astigmatisme simple qui restait encore. Et en effet, on n'a jamais besoin de verres bicylindriques (à axes croisés) dont les faces soient toutes deux ou convexes ou concaves; on peut toujours les remplacer avec avantage par des verres sphéro-cylindriques. Les loupes d'horlogers, très répandues en Suisse, sont des verres bicylindriques à axes croisés et dont les deux surfaces convexes ont une égale courbure. Leur action est presque la même que celle d'un verre sphérique biconvexe. Les horlogers prétendent que le champ est plus étendu : la vérité est qu'il est plus grand dans la direction de l'axe de la surface tournée du côté de l'œil, mais plus petit dans la direction opposée, de telle sorte que la forme du champ de la vision distincte représente un ovale qui suit les mouvements de rotation que l'on imprime à la loupe. Ces loupes peuvent d'autant moins rivaliser avec des verres sphériques périscopiques, que la forme des objets vus de côté subit une déformation particulière.

YOUNG (1) et AIRY ont déjà vu que l'on peut jusqu'à un certain point corriger l'astigmatisme par des verres convexes ou concaves, lorsqu'on les place en avant de l'œil, de telle manière que leur axe fasse avec la ligne visuelle un angle déterminé. Il paraît que d'autres en ont aussi fait usage, surtout dans des cas de forte myopie. Nous lisons, par exemple, dans WHITE COOPER (2), que l'on rencontre des cas dans lesquels, par suite d'une particularité de la forme des milieux réfringents ou de la sensibilité

(1) Voyez la citation de la page 19.
(2) *On near sight*, etc. London, 1853, p. 199.

de la rétine (?), la correction apportée par des verres augmente notablement « *by sloping them or holding them obliquely* » (en les taillant ou les tenant obliquement), et qu'il en a observé un exemple frappant chez un myope. Il ajoute que, pour donner au verre la position convenable, CARPENTER et WESTLEY l'avaient fait monter dans un second anneau que l'on pouvait faire tourner dans l'anneau de la monture des lunettes. Ce moyen de correction de l'astigmatisme n'est toutefois applicable que lorsqu'il faut, pour neutraliser l'amétropie, des verres sphériques très forts, et même dans ce cas on obtiendrait une correction plus parfaite en donnant à l'une des surfaces une courbure cylindrique. Ce n'est que dans les cas d'aphakie qu'on peut, pour corriger un certain degré d'astigmatisme, avoir recours avec avantage à une position oblique des verres. Presque toujours l'acuité de la vision semble augmenter lorsqu'on donne au verre convexe une certaine position déterminée, et c'est un fait reconnu que, dans tous les cas d'aphakie, il faut rechercher exactement cette position.

Enfin, nous ferons remarquer que l'astigmatisme pourrait être aussi corrigé par une opération. La double iridésis, telle qu'elle a été pratiquée par BOWMAN dans les cas de keratoconus, peut servir à atteindre le but proposé (1). En effet, on transforme par ce moyen la pupille en une fente étroite, et si la direction de cette fente correspond à l'un des méridiens principaux, il est évident que l'on exclut suffisamment l'aberration dépendant de l'asymétrie. Mais je ne comprends pas aussi bien l'application de cette *double* iridésis au keratoconus. Elle ne pourrait être utile dans ce cas qu'à cause du rétrécissement de la surface de la pupille, car la diminution de la netteté de la vision ne tient point ici à une différence de courbure dans les divers méridiens, mais bien à la conicité de chaque méridien. Par contre, pour une différence de courbure dans les divers méridiens, c'est-à-dire pour l'astigmatisme régulier, il

(1) Voyez CRITCHETT et BOWMAN, dans les *Reports of the London ophthalmic Hospital*, 1859 et 1860.

est évident qu'elle augmenterait l'acuité de la vision. Cependant, comme nous pouvons obtenir cette correction par des verres cylindriques, je suis loin de recommander cette opération, tant à cause du danger plus ou moins grand que peut présenter son exécution, que pour la difformité qui en résulte.

VIII

NOSOLOGIE ET CLINIQUE DE L'ASTIGMATISME.

L'astigmatisme est ou congénital ou acquis. Dans le plus grand nombre des cas, il est congénital. Lorsqu'il est acquis, on doit, au point de vue clinique, le considérer comme une tout autre affection, dont nous traiterons séparément. Occupons-nous tout d'abord de :

I. *L'astigmatisme congénital.* — Cette anomalie est fréquente. Dans le court espace de huit mois, époque depuis laquelle mon attention est dirigée sur ce sujet, et pendant laquelle j'ai examiné attentivement tous les cas douteux, j'en ai rencontré plus de quarante cas. Une statistique suffisante me manque encore ; mais sûrement je n'exagère point en affirmant que sur 40 à 50 yeux, il y en a un, troublé dans ses fonctions par suite d'astigmatisme.

Il n'existe aucune limite entre l'astigmatisme normal et l'anormal. Lorsqu'il atteint le degré de $\frac{1}{40}$, je l'ai appelé anormal, parce que les troubles visuels sont tels, que des verres cylindriques apportent une correction sensible. Au reste, il est évident que cette limite fixée est tout à fait arbitraire. L'acuité de la vision n'est déjà plus parfaite à des degrés beaucoup plus faibles. J'ai cru d'abord qu'un astigmatisme de $\frac{1}{100}$, comme il existe dans mes deux yeux, ne diminuait en aucun cas la netteté des images, et, par conséquent, n'était pas susceptible de correction ; et cependant il me paraît qu'un verre de $\frac{1}{80}$ c (le verre le plus faible que je possède), placé devant mon œil, l'axe vertical, augmente sensiblement la netteté des images, tandis que le même verre occasionne au contraire des troubles visuels assez considérables, lorsque son axe est horizontal. L'addition d'un second verre de $\frac{1}{40}$ c, à axe vertical, corrige alors d'une manière évidente.

Les quarante cas dont j'ai parlé avaient un astigmatisme de $\frac{1}{30}$ à $\frac{1}{4\ 1/2}$. Chez le plus grand nombre, il était plus fort que $\frac{1}{18}$; chez plusieurs, il dépassait $\frac{1}{10}$.

L'astigmatisme est aussi héréditaire. Il n'est pas rare que l'un des parents soit atteint de la même affection. Mais il est plus fréquent encore de le rencontrer chez plusieurs enfants nés de mêmes parents, et ordinairement il présente chez tous la même forme ; nous avons donc aussi bien le droit de l'appeler héréditaire que lorsqu'on le rencontre chez l'un des parents.

Le plus souvent les deux yeux en sont affectés. Quelquefois cependant l'un des yeux en est complétement ou presque complétement exempt. M. R... a pour les deux yeux Ah entre $\frac{1}{6}$ et $\frac{1}{7}$; son frère avait Ah $\frac{1}{9,5}$ de forme tout à fait pareille, mais seulement sur un œil ; son œil gauche était presque complétement exempt d'astigmatisme.

Il est remarquable que, lorsqu'il existe une différence pareille entre les deux yeux, la partie supérieure du visage est généralement également asymétrique. De même aussi lorsqu'un degré considérable d'amétropie n'existe que sur un œil, il n'est point rare de rencontrer une asymétrie dans les parties osseuses qui forment et entourent l'orbite. Cela a du rapport avec les particularités de la forme du visage chez les myopes, et surtout chez les hypermétropes, sujet important qui, depuis longtemps déjà, attire mon attention, mais sur lequel je ne puis m'étendre plus longuement aujourd'hui. — Jusqu'ici j'ai rencontré beaucoup plus de cas d'astigmatisme anormal chez les hommes que chez les femmes. Toutefois, rien encore ne m'autorise à admettre que ce ne soit pas l'effet du hasard. C'est à l'avenir à le démontrer.

Quant à l'âge, il est évident qu'il ne saurait avoir aucune influence. Tant que la puissance d'accommodation est considérable, les troubles fonctionnels résultant d'un faible degré d'astigmatisme sont moins sensibles. C'est pourquoi les cas légers ne se font remarquer que lorsque la latitude de l'accommodation est déjà notablement diminuée (environ vers la trentième année), tandis que pour les degrés considérables les troubles apparaissent de très bonne heure, et souvent on vient consulter un oculiste même avant l'âge de sept ans. A un âge plus avancé, par contre, un certain degré d'astigmatisme peut être un moindre obstacle pour la vue par le fait du rétrécissement de la pupille. Toutefois l'astigmatisme n'en persiste pas moins au même degré que précédemment.

Les troubles visuels résultant de cette anomalie sont tout à fait particuliers. Ils ne sont comparables ni à ceux qui accompagnent les affections de la rétine (amblyopie), ou les diverses opacités des milieux réfringents, ni même à ceux qui dépendent de l'amétropie. Dans les formes ordinaires de l'amblyopie, la projection dans le champ visuel est incertaine, et il n'est pas possible de la définir exactement; s'il existe une opacité, la lumière diffuse qui se répand sur la rétine, produit devant les yeux un nuage, qui diminue sur les objets l'opposition entre les parties claires et les ombres ; enfin, pour un état de réfraction qui ne correspond point à la distance à laquelle se trouvent les objets, chaque point apparaît sous forme d'un cercle de dispersion, et tous ces cercles se superposant les uns aux autres, rendent diffus les contours des objets. Chez les astigmatiques, au contraire, la projection dans le champ visuel, au rebours de ce qui a lieu dans l'amblyopie, est très nettement dessinée, et il est facile de la décrire exactement : ainsi ils indiqueront, jusque dans les plus petits détails, les lignes en partie noires, en partie grises, sous lesquelles certaines figures, par exemple la lettre romaine W, apparaissent à leurs yeux. Mais l'image rétinienne elle-même, reproduite exactement par la projection, diffère à un tel point de l'objet, tant pour la forme que pour la répartition de la lumière, qu'ils ont peine à la reconnaître, surtout si les images de deux objets très rapprochés se recouvrent réciproquement, et si les lignes qui les composent se croisent les unes les autres dans différentes directions et à divers degrés de netteté. Il est évident qu'ici l'astigmatisme irrégulier joue aussi un grand rôle : il donne naissance, dans le méridien dont la réfraction diffère le plus de l'état voulu de l'accommodation, à de doubles images qui peuvent encore augmenter excessivement la confusion. On comprend donc facilement comment, en s'efforçant, pour deviner la forme des objets, de combiner les diverses images qui se succèdent pendant les vacillements de l'accommodation, il peut en résulter une fatigue mentale, à laquelle, dans quelques conditions, par suite d'une tension excessive de l'appareil

7

accommodateur, se joignent encore les symptômes de l'asthénopie. Il n'est pas étonnant dès lors, que les astigmatiques se sentent si heureux lorsqu'on corrige leur anomalie, et l'expriment même en termes plus vifs que les amétropes ordinaires. — Nous avons déjà dit précédemment que l'astigmatisme régulier et congénital tient en général à une asymétrie de la cornée, tandis que les cas où le cristallin joue le rôle principal ne sont que de rares exceptions.

A. Pour l'*astigmatisme régulier*, *congénital* et *dépendant de la cornée* nous avons, au point de vue de la réfraction dans les deux méridiens principaux, distingué trois formes (voy. page 52) : le myopique, l'hypermétropique et le mixte. Chacune d'elles présente des particularités que nous ne saurions mieux exposer qu'en décrivant, après une courte introduction, un ou plusieurs cas de chaque forme.

1° *Astigmatisme myopique*. — Nous avons appris à en connaître deux formes : *a*. l'astigmatisme myopique simple Am, dans lequel l'emmétropie, dans l'un des méridiens principaux, se combine avec la myopie dans l'autre ; *b*. l'astigmatisme myopique composé, M + Am, lorsque la myopie existe dans les deux méridiens principaux, mais à des degrés différents. C'est à cette dernière forme qu'appartient entre autres le cas d'Airy.

J'ai supposé d'abord que l'astigmatisme myopique était un cas exceptionnel. Les premiers cas que je vis étaient tous hypermétropiques, quelques-uns mixtes. Plus tard, la proportion changea, et maintenant je crois pouvoir admettre que, sur six cas d'astigmatisme, il y en a approximativement un de myopique. C'est ordinairement :

a. *L'astigmatisme myopique simple*. — L'emmétropie parfaite de l'un des méridiens est une condition que l'on trouvera rarement remplie. A proprement parler, l'on observerait donc à peine un cas d'astigmatisme myopique *simple*.

Mais faut-il, pour la moindre trace de myopie dans le second méridien, envisager l'anomalie comme astigmatique myopique composé, avec la plus légère hypermétropie, comme astigmatique hypermétropique composé ? Ce serait, il me semble, peu pratique. Il faut accorder une certaine latitude à la notion de l'astigmatisme simple. $M = \frac{1}{80}$ n'exige généralement aucune correction, de même chez de jeunes sujets $H = \frac{1}{80}$: une lentille simplement cylindrique suffit toujours dans ces cas. Mais l'on comprend que, si la correction par un verre cylindrique simple a laissé exister un peu de H ou de M, il faudra en tenir compte lorsque l'accommodation diminuera et par conséquent avoir, dans le premier cas plus tôt, dans le second plus tard que d'habitude, recours, pour la vision d'objets rapprochés, à une combinaison avec une surface sphérique.

PREMIÈRE OBSERVATION. — *Astigmatisme myopique simple.*— M. O..., étudiant en théologie, âgé aujourd'hui de vingt et un ans, me consulta, il y a trois ans. Mon diagnostic fut : myopie, à peu près $= \frac{1}{16}$, compliquée d'amblyopie. Il ne fut pas possible, à cause de la diminution de l'acuité de la vision de déterminer exactement le degré de la myopie. En effet, l'acuité de la vision était à peine $= \frac{1}{3}$, à tel point que le patient ne distinguait un caractère ordinaire qu'à une petite distance et ici sa myopie lui aidait encore.

Il avait les yeux gros et saillants, les milieux réfringents, purs et transparents, seulement une légère trace d'atrophie des membranes au côté externe de la papille du nerf optique; la papille était en outre plus rouge qu'à l'état normal, sans toutefois l'être plus qu'elle ne l'est souvent chez des jeunes gens myopes qui lisent et écrivent beaucoup. Il croyait que sa vue avait baissé dans les derniers temps, mais il n'avait jamais vu avec facilité, et surtout le soir il n'avait jamais pu s'occuper longtemps à un travail rapproché.

Un état pareil est très fréquent chez des myopes. Mais il s'est alors toujours développé à une certaine époque, généralement à la suite de travaux prolongés avec la tête baissée, tandis que jusqu'alors la vision avait toujours été parfaite. Je supposai donc que, dans ce cas, ce n'était point là la cause de l'amblyopie et je ne m'étonnai pas que des moyens révulsifs, sangsues de HEURTELOUP, douche froide sur les yeux, etc., restassent sans effet. Le malade ne constatant aucune amélioration, cessa de me visiter.

Il y a quelques semaines, il se présenta de nouveau. Sa vue, disait-il, laissait tant à désirer, qu'il craignait de ne pouvoir continuer ses études. Il désirait, avant de prendre une décision, avoir encore une fois mon avis. Je consultai les notes prises anciennement à son sujet. Elles me firent immédiatement supposer qu'il s'agissait d'astigmatisme, ce à quoi auparavant je n'avais pas pensé. A un jour favorable, il lit avec les deux yeux ainsi qu'avec chaque œil séparément, n° I à une distance de 2 1/2″ à 3″. A une grande distance, l'acuité de la vision de l'œil droit était $= \frac{1}{4}$, celle de l'œil gauche $= \frac{1}{5}$. Des verres négatifs amélioraient la vue mais d'une manière peu sensible ; et cependant il préférait un verre fort, à savoir $- \frac{1}{10}$, avec lequel l'acuité de la vision devenait $= \frac{2}{7}$. L'existence de l'astigmatisme était donc déjà probable.

Nous passâmes alors à l'examen au moyen du point lumineux (voy. page 71). L'œil droit voyait le point comme une ligne /, inclinée en dehors d'environ 30° ; avec $\frac{1}{50}$ la ligne devenait plus longue et plus étroite, avec $\frac{1}{30}$ et $\frac{1}{20}$ au contraire plus large et entourée d'autres lignes secondaires. Avec $- \frac{1}{40}$ jusqu'à $- \frac{1}{13}$, l'image était presque ronde ; avec $- \frac{1}{8}$, allongée dans une direction perpendiculaire à la direction primitive. Cependant elle variait beaucoup, de telle sorte qu'il fut difficile de déterminer le verre qui donnait l'image couchée la plus étroite, et cela d'autant plus que cette image n'était point une simple ligne, mais une figure très compliquée, allongée dans la direction horizontale. Si, l'œil étant alors armé de $\frac{1}{40}$, on ajoutait et ôtait alternativement un verre négatif, les deux directions opposées de l'image formaient une croix dont les lignes devenaient plus minces lorsque le verre négatif était $= \frac{1}{6\,1/2}$.

La direction des deux méridiens principaux était dès lors connue. Une fente de 1 $\frac{3}{4}$ mm. de large, tenue dans la direction du méridien principal horizontal, augmenta la netteté de la vision jusqu'à $\frac{1}{3}$; des verres positifs et négatifs ajoutés devant la fente ne corrigeaient pas davantage. La même fente tenue dans la direction du méridien principal vertical n'améliorait pas la vue; en ajoutant $-\frac{1}{10}$ l'acuité devint $= \frac{1}{3}$. La lecture de près était à peine plus facile en regardant à travers la fente horizontale, beaucoup plus au contraire par la verticale.

Un verre de $\frac{1}{16}$ c, avec l'axe dans la direction du méridien vertical, lui permettait de lire n° I presque à la double distance, et avec $\frac{1}{11}$ c et $\frac{1}{9}$ c, il le lisait facilement à une distance plus que double; par contre, lorsque l'axe des surfaces cylindriques correspondait au méridien principal horizontal, il ne pouvait même pas déchiffrer n° IX. A distance, $-\frac{1}{10}$ c, l'axe correspondant avec le méridien principal horizontal, lui paraissait un verre excellent: l'acuité montait alors, dans les conditions favorables, jusqu'à $\frac{3}{4}$. Le malade n'avait eu jusqu'alors aucune idée de ce qu'était une vision nette et précise et il se sentait excessivement heureux. Des lignes noires inclinées en dehors d'environ 30°, étaient vues nettement à distance et sans verres, tandis que, lorsqu'on les tenait dans une inclinaison perpendiculaire à la première, il reconnaissait à peine que c'étaient des lignes. Dans cette dernière position, au contraire, elles étaient aussi nettes que possible, lorsqu'on tenait devant l'œil un verre $-\frac{1}{10}$ c, tandis qu'il ne pouvait plus distinguer suffisamment les premières que par un effort d'accommodation.

Le temps me manqua pour mesurer les rayons de courbure de

la cornée. Mais le simple examen des images réfléchies produites par un objet carré incliné de 30° démontrait l'existence de l'asymétrie.

L'atrophie des membranes observée au côté externe de la papille du nerf optique a augmenté depuis la dernière inspection. Les vaisseaux rétiniens situés dans la direction du méridien principal vertical étaient, à l'image droite, nettement visibles pour un œil emmétrope ; il fallait, au contraire, l'armer d'environ $-\frac{1}{10}$ pour voir, toujours à l'image droite, les vaisseaux situés dans la direction du méridien horizontal. A l'image renversée, il était difficile de constater cette différence des vaisseaux dans les diverses directions.

L'œil *gauche* présentait une analogie remarquable avec l'œil droit. Ici aussi l'on trouvait Am environ $= \frac{1}{10}$ et la direction du méridien principal vertical était à peu près 30° en dehors \ ; une description plus détaillée est donc inutile.

Épicrise. — Le cas que nous venons de décrire est un des mille cas où l'astigmatisme a été considéré comme amblyopie et traité comme telle. Si le traitement actif et mal dirigé n'avait servi qu'à tourmenter le malade, sa joie fut grande lorsqu'il vit sa vision améliorée pour toutes distances par des verres appropriés. Il était accoutumé à tenir même les gros caractères à une petite distance de l'œil, tant pour obvier à la faiblesse de sa vue en regardant les objets sous un angle plus grand, que pour rétrécir sa pupille, rétrécissement qui accompagne toujours la convergence et l'effort de l'accommodation et diminue ainsi les cercles de dispersion. C'est de cette tension extraordinaire de l'appareil accommodateur, tension nécessaire pour mieux pouvoir distinguer, que dépendent les symptômes d'asthénopie que l'on rencontre fréquemment chez les astigmatiques. Peut-être l'amblyopie qui persiste après la correction de l'astigmatisme dépend-elle de cet effort d'accommodation qui est toujours accompagné d'une forte inclinaison de la tête en avant, position très préjudiciable. On aura remarqué que M. O... voyait mieux à distance avec des verres négatifs très forts; cela me paraît également devoir être attribué au fait que l'effort d'accommodation nécessaire pendant l'usage de ces verres rétrécissait la pupille et diminuait par conséquent les cercles de dispersion.

Nous n'avons provisoirement donné à notre malade que des verres $-\frac{1}{10}$ *c* avec lesquels il voit suffisamment même de près. Sa latitude d'accommodation était environ $= \frac{1}{4}$, et, vu qu'il avait l'habitude de faire des efforts d'accommodation continuels, l'on ne s'étonnera point qu'il n'ait pas pour les premiers temps exigé d'autres lunettes pour lire et écrire. Cependant il est à prévoir que bientôt la tension excessive de l'accommodation aura cessé, et qu'un travail prolongé deviendra un peu difficile; j'ai l'intention de lui prescrire alors des verres bicylindriques de

$$\frac{1}{36}\,c \ulcorner -\frac{1}{14}\,c,$$

qui corrigeront l'astigmatisme en ajoutant une légère myopie dans tous les méridiens. Si l'acuité de la vision devient parfaite, ce qu'il est peut-être permis d'espérer maintenant que l'on aura fait cesser les efforts de l'accommodation et défendu d'incliner la tête en avant, alors il n'aura besoin de ces derniers verres qu'à un âge plus avancé.

b. Astigmatisme myopique composé, M + Am. Je n'ai rencontré jusqu'ici que quatre cas d'astigmatisme myopique composé. Ils se présentent sous la forme d'une myopie compliquée d'amblyopie. Ils sont faciles à reconnaître d'après la méthode d'Airy. Cela nous explique pourquoi cette forme, malgré sa rareté, fut reconnue la première. Ces yeux voient relativement beaucoup mieux de près que de loin, et des verres sphériques qui corrigent la myopie dans le méridien principal de la plus grande courbure augmentent la netteté de la vue à distance, surtout chez de jeunes sujets. Toutefois la vision d'objets éloignés ne devient tout à fait nette que par l'emploi de verres négatifs sphéro-cylindriques ; tandis que pour voir nettement des objets rapprochés, de simples verres négatifs cylindriques sont préférables lorsque, comme c'était le cas chez trois des personnes que j'ai examinées, la myopie est légère dans le méridien de la plus faible courbure.

Deuxième observation. — *Astigmatisme myopique composé.* — Pendant l'impression de ce travail, j'ai observé un cas assez remarquable pour le reproduire ici. Madame F..., myope depuis sa naissance et n'ayant jamais vu nettement avec aucun des deux yeux, se plaignait, il y a quelques années, d'une scintillation qui apparaissait de temps en temps devant l'œil droit et qui était suivie de troubles visuels passagers. Il y a environ une demi-année que cette scintillation reparut, mais alors le trouble de la vision persista. Ce fut d'abord un assez grand scotome, intéressant la région de la tache jaune ; la moitié supérieure du champ visuel était en outre moins nette dans toute son étendue. Pendant les quelques premières semaines après son apparition, l'on observa fréquemment de petites variations dans la forme de cette tache, mais en définitive, il resta un scotome petit et limité, en partie complétement, en partie seulement relativement insensible à la lumière, et qui se projetait, avec des contours nettement arrêtés, presque immédiatement au-dessus du point de la vision directe ; il est également resté dans les parties supérieures du champ visuel un léger degré de torpeur. L'œil cependant peut lire quoique avec peine, tandis que les lignes au-dessus de celle qu'il regarde sont en grande partie invisibles.

Examen ophthalmoscopique négatif. — On ne constate absolument rien d'anormal dans la partie de la rétine (située immédiatement au-dessous de la tache jaune) qui correspond au scotome, et il est pour le moins très douteux qu'il faille considérer comme un symptôme d'atrophie, l'aspect brillant et uni d'une partie de la papille du nerf optique.

L'œil gauche présente à peu près une $M = \frac{1}{11}$, mais l'acuité n'est que $\frac{1}{3}$. Rien d'anormal à l'ophthalmoscope. Supposant qu'il s'agissait d'astigmatisme, je tournai en rond devant l'œil, préalablement armé de $-\frac{1}{9}$, un verre $\frac{1}{24}$ c; alors, lorsque l'axe était maintenu horizontalement, l'acuité augmentait tout de suite jusqu'à $\frac{2}{3}$ pour descendre au-dessous de $\frac{1}{10}$, lorsque l'axe était dirigé verticalement. L'épreuve avec le point lumineux produisait un allongement dans le sens de la largeur, lorsqu'on ajoutait un verre positif faible; un verre négatif de $-\frac{1}{7}$ ou même davantage produisait à peine un léger allongement dans le sens de la hauteur. Il existait beaucoup d'astigmatisme irrégulier.

On trouve avec l'appareil sténopéique

$$\text{En V,} \quad M = \frac{1}{14,5},$$

$$\text{En H,} \quad H = \frac{1}{9},$$

ce qui donne un astigmatisme de $\left(\frac{1}{9} - \frac{1}{14,5}\right)$ environ $\frac{1}{24}$.

A distance, les lignes horizontales sont plus nettes que les verticales; avec $-\frac{1}{14}$ les horizontales sont très nettes et les verticales le deviennent davantage, mais ces dernières ne le sont complétement qu'avec $-\frac{1}{9}$.

Sans verre, madame F..... lit n° I à une distance d'environ 5''. Avec $\frac{1}{24}c$, axe horizontal, ce qui donne à tous les méridiens $M = \frac{1}{9}$, n° I à 8''; la plus grande netteté de la vision est très frappante. Madame F... appuie sur le fait qu'elle voit simples et beaucoup plus nettement les contours des objets. L'œil droit présente un astigmatisme de même forme et à peu près de même degré. Je prescrivis pour les deux yeux :

$-\frac{1}{15}\, s \frown -\frac{1}{24}\, c$, pour un lorgnon destiné à faire voir à de grandes distances, R étant $= \infty$;

Puis $\frac{1}{24}$ *c*, ce qui ramène R à 9'', pour distinguer nettement de petits objets;

Enfin $-\frac{1}{20}$ *s* $\supset$ $-\frac{1}{24}$ *c*, R étant alors à 4 $\frac{1}{2}$ pieds; ces derniers verres, destinés à voir l'objet qui sert de modèle pour la peinture, peuvent, au besoin, être portés comme lunettes.

Je ferai, en outre, tailler un verre dont la surface cylindrique soit $-\frac{1}{24}$, tandis que la surface sphérique aura un double foyer, à savoir dans la moitié supérieure $-\frac{1}{20}$, dans l'inférieure $\frac{1}{\infty}$ ou $-\frac{1}{60}$. Cela corrigera l'astigmatisme en ramenant le point le plus éloigné de la vision distincte, par la partie supérieure à 4 $\frac{1}{2}$ pieds, par l'inférieure à 15'' ou 20''.

Épicrise. — J'ai affirmé précédemment (page 66) que dans tous les cas d'astigmatisme anormal que j'avais observés, le méridien principal de la courbure maximum se rapprochait, sans exception, de la verticale. Dans le cas décrit ci dessus, nous voyons la confirmation de cet axiome : il n'y a pas de règle sans exception. Ici, de même que chez YOUNG, le maximum de courbure correspond assez exactement au méridien horizontal, le minimum au vertical. Notre malade ne savait pas qu'elle voyait moins bien que d'autres personnes. Je suppose donc aussi que YOUNG, dont l'astigmatisme avait environ le même degré, s'attribuait à tort une vision parfaite ; et si l'on m'opposait à titre de preuves du contraire plusieurs de ses observations exactes, je répondrais que notre malade aussi dessine et peint très bien. Il est facile d'expliquer cette contradiction apparente.

Les myopes ont l'habitude pour voir plus nettement de fermer à peu près les yeux ; cette ouverture palpébrale étroite diminue les cercles de dispersion, surtout dans la direction verticale. S'il existe en même temps de l'astigmatisme, le rétrécissement de la fente palpébrale aura un double avantage, en tant qu'elle ne laisse pénétrer que les rayons qui passent par des méridiens dont la courbure est à peu près égale. Il en résulte que, tandis que les myopes ne retireront un avantage de cette occlusion partielle des paupières que pour la vision d'objets éloignés, situés au delà des limites de leur vision distincte, les astigmatiques, au contraire, corrigeront par ce moyen leur anomalie même pour la vision d'objets rapprochés. Une ouverture palpébrale très étroite fait presque complétement disparaître les troubles fonctionnels dépendant de l'astigmatisme et la vision devrait être presque complétement nette, à moins que les inconvénients de la diffraction et de la diminution de la lumière ne se fassent sentir. Notre malade avait continuellement recours à ce rétrécissement de l'ouverture palpébrale, même pour la vision d'objets rapprochés, et il est plus que probable que YOUNG lui-même en faisait autant. Cependant elle ne pouvait assez dire quel avantage elle retirait d'un verre cylindrique. Elle voyait surtout plus nettement de petits portraits, et des personnes non astigmatiques se convaincront facilement en tenant devant l'œil un verre cylindrique, combien la netteté d'un portrait diminue vite.

Ce rétrécissement de l'ouverture palpébrale, si général chez les myopes, n'est pas propre à l'astigmatisme en général. On ne l'observe presque jamais chez les astigmatiques hypermétropes. Cela s'explique probablement par le fait qu'il existe généralement dans le méridien horizontal un degré considérable d'hypermétropie, lequel, n'étant point surmonté par l'accommodation, laisse persister dans cette direction une forte dispersion, en présence de laquelle le rétrécissement ne procure aucun avantage. Si les paupières pouvaient former une fente verticale, les astigmatiques hypermétropes auraient sans doute recours à ce moyen.

Le scotome constaté dans l'œil droit ne dépend aucunement de l'astigmatisme.

Je n'ai rien à ajouter au sujet des verres prescrits ; un seul mot toutefois sur les verres à double foyer. Je les ai également employés avec avantage chez des personnes âgées, affectées d'hypermétropie acquise ; ainsi, par exemple, des verres positifs avec $\frac{1}{30}$ dans la partie supérieure, $\frac{1}{10}$ à $\frac{1}{8}$ dans l'inférieure. En outre, chez des peintres qui désiraient et avaient vraiment besoin d'obtenir dans la partie supérieure $R = \infty$, et dans l'inférieure $= 24''$ à $12''$. Notre malade faisait usage de $-\frac{1}{14}$ pour voir à distance et peignait en regardant à côté des lunettes. Alors, en rétrécissant les paupières elle n'avait le point le plus éloigné de sa vision distincte qu'à $9''$. Cette distance, trop petite sous un rapport, compensait de l'autre le manque de netteté de la vue. Une fois l'habitude prise de peindre à une si courte distance, je n'ai pas cru devoir ramener R au delà de $15''$ à $20''$. Jusqu'ici je n'avais jamais réuni une courbure cylindrique avec une sphérique à double foyer, mais il ne me semble pas qu'il y ait la moindre difficulté à obtenir cette combinaison.

2° *Astigmatisme hypermétropique.*— La plupart des cas d'astigmatisme anormal appartiennent à la forme hypermétropique. L'expérience a démontré que, en général, même lorsque l'astigmatisme reste dans les limites du normal, l'asymétrie est plus grande que chez les myopes ou les emmétropes, et il n'est pas étonnant que ces mêmes yeux présentent plus fréquemment l'astigmatisme anormal, même les degrés les plus considérables. On n'est sûrement pas loin de la vérité, en admettant que, sur six yeux hypermétropes, un est atteint d'astigmatisme anormal et que l'amblyopie, qui si souvent accompagne l'hypermétropie, est dans la moitié des cas due en grande partie à l'astigmatisme. Le plus grand nombre des cas rentrent dans la catégorie de l'astigmatisme hypermétropique *simple*. En effet, tandis que dans le méridien horizontal, l'hypermétropie est considérable (depuis $\frac{1}{30}$ à $\frac{1}{6}$ et au delà), on trouve dans le méridien vertical, si ce n'est une emmétropie complète, du moins un si faible degré de myopie ou d'hypermétropie, que ces cas ne dépassent point les limites de l'astigmatisme hypermétropique simple. Cependant nous avons observé également de nombreux cas d'astigmatisme hypermétropique composé, même jusqu'à H $\frac{1}{7}$ dans le méridien principal de la plus forte courbure (avec H $\frac{1}{5}$ dans celui de la plus faible). Chez les jeunes personnes, l'hypermétropie ne se manifeste souvent dans le méridien de la courbure maximum qu'après la paralysie artificielle de l'accommodation.

Quant à la forme de l'œil, nous rappellerons ici que, dans l'astigmatisme hypermétropique, le rayon ρ^{0} de la cornée dans le méridien horizontal est souvent excessivement grand. On peut, en outre, souvent se convaincre, pendant que l'œil exécute des mouvements très étendus, que l'axe visuel est trop court et que l'axe vertical est plus petit que l'horizontal.

Sous le rapport de la vision, cet état se présente sous la forme d'une H accompagnée d'une diminution de la netteté de la vue. Il s'y joint un haut degré d'asthénopie. Pendant un peu de temps, la lecture d'un gros caractère est encore possible, mais bientôt il survient de la fatigue, même quelquefois de la douleur. Un des malades âgé de vingt-six ans (Ah $= \frac{1}{18}$), m'écrivait : « Je suis commis dans un comptoir.
» Le premier effort que je fais pour travailler est pour moi le
» plus pénible. Il est bientôt suivi d'éblouissement, à tel point
» que je suis obligé de fermer les yeux et de les laisser fermés
» quelque temps. Après cela, le travail va un peu mieux ;
» toutefois il ne m'est pas possible de travailler toute la
» matinée ; souvent il me faut interrompre mon ouvrage. A la
» fin, les yeux me font mal, et ce que j'ai de mieux à faire,
» c'est d'aller à l'air frais et de me promener assez longtemps
» à l'abri du soleil. Le soir, à la lumière du gaz, le travail va
» d'abord assez bien, mais bientôt je suis ébloui et je vois

» des lueurs rouges. Alors il me faut chaque fois cesser » mon travail et je rentre chez moi les yeux fatigués et » douloureux. » Je lui donnai $\frac{1}{18}$ c pour travailler et porter habituellement. Plus tard il m'écrivit ce qui suit : « En » faisant usage des lunettes, je ressentis dès le premier » jour une amélioration incroyable (en effet sa vision, » de $\frac{2}{7}$, était parvenue à $\frac{3}{4}$). Le matin je n'éprouve aucune » sensation douloureuse et je puis, sans difficulté, travailler » toute la matinée sans interruption. Je vois tout beaucoup » plus nettement. Le soir, la lumière ne me gêne nulle- » ment. Lorsque je suis en plein air sans lunettes, je n'ai » plus aucune douleur. Toutes les lunettes essayées jus- » qu'ici (sphériques ordinaires), avaient été inutiles. »

Chez les astigmatiques hypermétropiques la vision à distance est améliorée par des verres positifs (sphériques), surtout dans la forme composée; mais, même lorsque l'accommodation est paralysée par le moyen d'un mydriatique, il semble impossible de déterminer exactement le degré de H. Cette circonstance fait déjà soupçonner l'astigmatisme. Du reste, des lignes horizontales vues à distance sont plus nettes que des verticales. Quelques personnes ont reconnu cela d'elles-mêmes ; quelques-unes même vous le disent sans que vous le leur demandiez. Sous ce rapport, nous rencontrons ici juste le contraire de ce qu'on observe pour l'astigmatisme myopique : dans ce dernier cas, les lignes verticales sont seules vues nettement à distance. C'est surtout dans les formes simples, Am et Ah, que cette opposition est évidente. Par le moyen d'un verre négatif sphérique, on peut changer Am en Ah, et par un verre positif Ah en Am, ce qui renverse aussi tout à coup la direction des lignes vues nettement.

a. Astigmatisme hypermétropique simple. — J'ai observé le cas suivant :

TROISIÈME OBSERVATION. — Am *sur l'œil droit*, Ah *sur le gauche*. — M. R. M..., bourgmestre de O..., âgé de trente-huit ans, pouvait, il y a quelques années, en faisant de fréquentes interruptions, écrire et lire, non toutefois sans faire de grands efforts. Dans ces derniers temps cela lui est devenu presque impossible. Il essaya en vain de corriger sa vue au moyen de lunettes. Une forte lumière est encore ce qui lui convient le mieux. Acuité de la vision de l'œil gauche à distance $= \frac{1}{3}$, du droit $= \frac{1}{5}$. Il dit expressément que l'œil gauche voit double à distance et que les jambages de lettres rapprochées se recouvrent mutuellement. Je soupçonnai tout de suite qu'il s'agissait d'astigmatisme. Avec $\frac{1}{16}$ *c*, qu'il tourne devant cet œil, il diminue sa vision jusqu'à $\frac{1}{18}$, s'il tient l'axe horizontalement, tandis qu'elle est parfaite, $= 1$, lorsqu'il le tient verticalement. Le même verre ne corrige pas sensiblement l'œil droit. De quelque côté qu'on le tourne, tous les objets éloignés sont toujours indistincts. Et cependant c'était précisément avec cet œil qu'il voyait le mieux. Il résultait de l'expérience indiquée ci-dessus que l'œil gauche avait Ah = environ $\frac{1}{16}$; on n'avait encore rien trouvé pour l'œil droit. En regardant fixement des lignes à distance, il prétendit voir avec l'œil gauche nettement les horizontales ; il découvrit alors que, avec l'œil droit, il voyait assez bien les verticales, tandis qu'il distiuguait peu ou point les horizontales. Je compris alors que l'œil droit devait avoir un Am, et avec $-\frac{1}{16}$, axe horizontal, il vit avec cet œil presque nettement à distance. Il en résultait en même temps qu'avec $\frac{1}{16}$ *c*, l'axe maintenu verticalement, il devait pouvoir lire parfaitement, et en effet, il vit n° I à un pied de distance. Il me dit aussi voir, à l'œil nu, les objets plus petits avec l'œil gauche qu'avec le droit, et en examinant attentivement, on reconnaissait facilement que le premier était plus enfoncé dans l'orbite.

Dès lors, j'étais arrivé, en suivant une méthode inusitée, à me rendre compte de l'état des deux yeux. Toutefois, l'examen systématique ne fut point négligé. L'œil droit voyait le point lumineux comme une ligne verticale, l'œil gauche comme une horizontale; avec $-\frac{1}{16}$ la première ligne devenait horizontale, avec $+\frac{1}{16}$ la seconde verticale : les deux méridiens principaux ne variaient pas sensiblement de ces deux directions. Au travers d'une fente de $1\frac{3}{4}$ mm. de large, tenue verticalement, S de l'œil gauche était pour la distance $=\frac{1}{2}$, et des verres de $\frac{1}{80}$ l'amélioraient encore quelque peu; l'œil droit n'avait que $S=\frac{1}{3}$, qui devenait $=\frac{2}{3}$ par l'addition de $-\frac{1}{18}$. De près, par contre, l'œil droit lisait facilement au travers de la fente verticale, l'œil gauche avec peine. Au travers d'une fente horizontale, l'œil droit avait à distance $S=\frac{2}{3}$ et des verres additionnels ne l'amélioraient point; l'œil gauche voyait de cette manière très mal à distance et avait besoin de verres $\frac{1}{16}$ à $\frac{1}{13}$. L'œil gauche ne peut presque pas lire par la fente horizontale, le droit très imparfaitement, ce qui concorde tout à fait avec tout ce qui précède.

Nous concluons donc

$$\text{O. D. En V,} \quad M=\frac{1}{18},$$
$$\text{En H,} \quad E.$$
$$\text{O. G. En V,} \quad H=\frac{1}{80},$$
$$\text{En H,} \quad H=\frac{1}{14}.$$

Il y avait donc pour l'œil droit Am $\frac{1}{18}$, sans complications. Pour le gauche, à proprement parler $Ah=\frac{1}{14}-\frac{1}{80}=\frac{1}{17}$.

Avec $\frac{1}{17}$ *c* à gauche, et $-\frac{1}{18}$ *c* à droite la vision à distance est bonne, et des lunettes portant ces verres suffisent pleinement. Les mêmes verres ne conviennent pas du tout pour la lecture. On vit qu'il existait seulement une faible accommodation. C'est pourquoi je jugeai convenable, pour la vision rapprochée, de porter le point

R à 18 ou 20″. Cela eut lieu, pour l'œil droit, au moyen d'un verre cylindrique simple de $\frac{1}{18}$ *c;* pour l'œil gauche, au moyen d'un verre sphéro-cylindrique $\frac{1}{20}$ *s* ⊂ $\frac{1}{18}$ *c*.

Epicrise. — L'observation ci-dessus peut faire comprendre comment l'on peut quelquefois arriver à la connaissance de l'astigmatisme par un moyen plus direct que l'examen systématique. L'examen ophthalmoscopique aurait également pu nous amener à le reconnaître immédiatement : sans faire d'effort d'accommodation, je ne voyais nettement dans l'œil gauche que les vaisseaux horizontaux ; dans l'œil droit, seulement les verticaux. Cependant, tant qu'on n'a pas examiné beaucoup d'astigmatiques, il vaut mieux, pour ne pas perdre de temps, s'en tenir aux règles indiquées. Toutefois, dans les cas où l'emmétropie est parfaite dans l'un des méridiens, l'examen, avec des verres cylindriques, mènera plus vite au but désiré ; mais ces cas sont exceptionnels.

Dans une des visites que me fit plus tard ce malade, je le fis regarder au travers d'un verre violet foncé une ouverture carrée éclairée (voy. page 38). Ce que j'attendais arriva ; il voyait avec l'œil droit les deux côtés, supérieur et inférieur, bleus, et avec l'œil gauche, les côtés de droite et de gauche, rouges ; en tenant devant les yeux — $\frac{1}{30}$, les côtés horizontaux étaient bleus pour l'œil droit, et les côtés verticaux rouges ; le contraire avait lieu pour l'œil gauche.

Nous avons indiqué plus haut que l'œil gauche voyait les objets plus petits que le droit. Ceci ne tient point à l'astigmatisme. L'astigmatisme était cause que les objets devaient apparaître pour les deux yeux plus longs dans la dimension verticale (voy. page 36), et cela était vraiment le cas. Par contre, le fait que les objets paraissaient plus grands à l'œil droit qu'au gauche, tenait à la plus grande longueur de l'axe optique dans le premier œil. La cornée avait dans les deux la même forme, très probablement aussi le cristallin, et la seule différence entre les deux yeux serait donc celle de la longueur de l'axe optique. Dans ce cas, le second point nodal est dans l'œil droit plus éloigné de la rétine que dans l'œil gauche, et, par conséquent, les images plus grandes dans le premier. Si maintenant il n'existe pas, en même temps, une distension de la rétine (on ne constatait pas à l'ophthalmoscope d'atrophie des membranes), la projection de la plus grande image rétinienne doit également être plus grande.

Ceci nous explique la différence apparente de grandeur des objets pour les deux yeux. La correction, au moyen des verres, modifie la grandeur des objets : les verres positifs avancent, les négatifs reculent le point nodal. On trouvera presque toujours que, lorsque, pour des yeux inégaux, l'on veut ramener R à la même distance, on renverse la grandeur des images : l'œil qui a besoin du verre négatif le plus fort ou du positif le plus faible, voit alors les objets les plus petits. Si la différence est grande, elle peut troubler la vue, et il faut même quelquefois l'éviter en sacrifiant la netteté de la vision sur un œil. On peut encore y obvier en partie, en plaçant les verres très près de l'œil, et en combinant bien leurs deux courbures, de telle sorte que, à distance focale égale, leurs points nodaux aient une position différente.

Dans le cas dont nous nous occupons, cette différence dans la grandeur des objets était presque complétement corrigée lorsqu'on plaçait les verres cylindriques le plus près possible de l'œil. Du moins il n'en résultait aucun inconvénient. Ce n'est que lorsqu'ils étaient un peu éloignés de la cornée, que la netteté de la vue en souffrait. Cela tient sûrement au fait que l'hypermétropie de l'œil gauche n'était point complétement corrigée par les verres et que les verres calculés pour la lecture avec cet œil, laissaient le point R à une plus grande distance de l'œil. Il y avait à coup sûr aussi un certain degré d'hypermétropie latente, et, en outre, j'avais donné $\frac{1}{20}$ *s* à la place de $\frac{1}{18}$ *s*. En lisant avec ces verres, l'œil gauche voyait aussi moins nettement que le droit.

b. Dans l'*astigmatisme hypermétropique composé*, il

existe un haut degré d'hypermétropie dans le méridien horizontal, et ordinairement un beaucoup plus faible dans le vertical. J'ai rarement trouvé cette hypermétropie plus forte que $\frac{1}{22}$, plusieurs fois même $\frac{1}{28}$, tandis que dans le méridien horizontal elle arrivait à $\frac{1}{5}$ et au delà. On voit qu'en somme l'astigmatisme hypermétropique composé se rapproche beaucoup du simple. Il est à remarquer qu'en général les troubles visuels étaient moins considérables qu'on n'aurait pu l'attendre d'après le degré de l'astigmatisme. Ces troubles fonctionnels ne sont généralement point proportionnels au degré de l'astigmatisme; la grandeur de la pupille, sa position par rapport à l'axe de la cornée, son rétrécissement pendant l'accommodation, la forme de la courbure dans les différents méridiens, enfin les complications de l'astigmatisme régulier ont ensemble une grande influence.

QUATRIÈME OBSERVATION. — *Astigmatisme hypermétropique composé.* — M. R..., âgé de dix-huit ans, n'a jamais vu nettement; il prétend voir une ombre le long des contours des objets; il a, pour travailler, toujours recherché une forte lumière, et, malgré cela, les symptômes de l'asthénopie ne tardaient pas à apparaître. Toutefois il a beaucoup étudié. Il y a quelques années, il consulta un oculiste, qui déclara la maladie incurable, en tant qu'amblyopie congénitale. Cela parut d'autant plus probable que son frère avait à l'œil gauche (l'œil droit du reste était normal), une affection pareille à celle que M. R... avait sur les deux yeux. Les parents et les autres enfants ont une vue excellente.

Une légère conjonctivite ramena le malade chez moi. Celle-ci fut bientôt guérie; mais je m'aperçus alors que l'acuité de vision de l'œil gauche n'était que de $\frac{2}{7}$, celle de l'œil droit à distance $\frac{1}{3}$, et de près $\frac{2}{5}$. A l'examen ophthalmoscopique, les papilles des nerfs optiques étaient aussi rouges que le fond de l'œil en général ; c'est là une hypérémie capillaire fréquente, surtout chez les jeunes sujets, lorsqu'ils font de grands efforts, la tête trop penchée en avant ; mais en même temps, je vis que, tandis que les vaisseaux rétiniens horizontaux étaient faciles à voir en faisant un léger effort d'accommodation, les verticaux n'apparaissaient bien nettement que lorsqu'on faisait usage d'une lentille de $\frac{1}{8}$. Il en était de même pour les deux yeux. Il n'était donc pas permis de mettre en doute l'existence de l'astigmatisme. A ma demande, s'il voyait également bien de loin des lignes verticales et horizontales, il répondit tout de suite qu'il avait déjà remarqué précédemment qu'il ne voyait sur une cible les lignes verticales nettement, que lorsqu'il tenait sa tête tout à fait horizontalement.

Les rayons des courbures des deux cornées ont été mesurés, d'abord dans le plan horizontal (H), dans la direction de la ligne visuelle ρ°, à 10'' du côté du nez, $\rho n'$, à 20° du même côté $\rho n''$, à 10° et à 20° du côté des tempes $\rho t'$ et $\rho t''$, puis également dans le plan vertical (V), dans la ligne visuelle ρ°, à 10° et 20° au-dessus $\rho s'$ et $\rho s''$, enfin à 10° et 20° au-dessous de cette ligne, $\rho i'$ et $\rho i''$. Chaque chiffre est la moyenne de 6 mensurations. Les résultats du calcul sont les suivants :

	En H.		En V.	
Œil droit :	$\rho n''$	9.80	$\rho i''$	8.04
	$\rho n'$	8.76	$\rho i'$	7.47
	ρ°	8.32	ρ°	9.30
	$\rho t'$	8.24	$\rho s'$	7.08
	$\rho t''$	8.61	$\rho s''$	7.82
Œil gauche :	$\rho n''$	10.38	$\rho i''$	7.59
	$\rho n'$	8.58	$\rho i'$	7.43
	ρ°	8.38	ρ°	7.38
	$\rho t'$	8.30	$\rho s'$	7.21
	$\rho t''$	8.57	$\rho s''$	9.55

Il en résulte tout d'abord que la cornée présentait un haut degré d'asymétrie (la différence des rayons de courbures dans la ligne visuelle donne pour l'œil droit As = 1 : 6.374 et pour le gauche As = 1 : 6.8) ; en second lieu, que l'excentricité de la section elliptique verticale était très petite, surtout sur l'œil gauche ; troisièmement, que la forme de la courbure différait sensiblement d'un ellipse, et quatrièmement que la ligne visuelle coupait la cornée en un point, situé beaucoup en dedans et assez au-dessous du sommet de la cornée.

L'accommodation de l'œil droit fut paralysée au moyen du sulfate d'atropine. L'acuité de la vision diminua beaucoup et n'était pas sensiblement améliorée par des verres positifs de $\frac{1}{16}$ à $\frac{1}{7}$. Les cercles de dispersion d'un point lumineux faisaient reconnaître que le méridien principal vertical était incliné en dehors d'environ 7°, l'horizontal, d'une quantité égale en dehors et en bas. C'est avec $\frac{1}{28}$ jusqu'à $\frac{1}{24}$ que la ligne horizontale était la plus mince ; avec $\frac{1}{12}$ l'image de dispersion avait la forme d'une losange couchée <>, avec $\frac{1}{7}$ d'une losange debout ◊, avec $\frac{1}{9}$ d'un carré très irrégulier à contours rentrants des deux côtés, qui avec $\frac{1}{6}$ se changeait en une ligne verticale, renflée au centre et se divisant vers ses extrémités et qui, avec $\frac{1}{5}$ tenu à $\frac{1}{2}''$ de l'œil, devenait le plus mince possible. Il y avait donc évidemment beaucoup d'astigmatisme irrégulier ; le régulier semblait être $= \frac{1}{4,5} - \frac{1}{28} = 1 : 5,36$. Cependant à l'examen ophthalmoscopique, de même qu'avec des verres cylindriques, on n'en constatait qu'un degré plus faible, environ $\frac{1}{7}$. Les images linéaires de dispersion ne paraissaient pas conduire à un résultat précis. Je n'avais pas encore alors appris à appliquer la méthode qui consiste à faire usage de la fente pour déterminer la réfraction dans les deux méridiens principaux. En outre, je ne possédais alors qu'un seul verre cylindrique de $\frac{1}{8}$. Ce verre tenu à tout au plus 1'' de l'œil corrigeait la vision de $\frac{2}{7}$ à $\frac{2}{3}$. Reste à savoir si, avec un plus grand choix de verres, on n'aurait pas pu obtenir une netteté de vision encore plus grande.

Peut-être cet œil aura-t-il besoin pour la vision rapprochée d'un verre sphéro-cylindrique, afin d'exclure complétement l'asthénopie, tandis que pour le lointain un simple verre cylindrique suffira pour le moment : en effet, vu l'âge peu avancé du malade, la latitude d'accommodation surmontera facilement l'hypermétropie totale de $\frac{1}{28}$ qui restera alors.

Quant à l'œil gauche, j'ai noté simplement qu'il est également hypermétrope dans les deux méridiens, que l'acuité de la vision est à distance $\frac{2}{9}$, qu'elle augmente jusqu'à $\frac{2}{7}$ avec $\frac{1}{24}$ et, en outre, que des verres de $\frac{1}{8}c$ améliorent sensiblement la vue.

Je ne crois pas devoir entrer dans de plus amples détails. D'après tout ce qui précède, on est à même de les prédire sans avoir à craindre d'être démenti par l'expérience. Un résumé ou une analyse ne serait qu'une répétition. C'est pourquoi je préfère rapporter quelques faits de la

CINQUIÈME OBSERVATION, dont le sujet est M. R..., cadet, frère du malade ci-dessus.

Pour ce qui est d'abord des rayons des courbures des deux cornées, nous trouvons :

	En H.		En V.	
Œil droit :	ρ_n''	9.10	ρ_i''	8.42
	ρ_n'	8.38	ρ_i'	8.10
	ρ^0	8.11	ρ^0	8.10
	ρ_t'	8.10	ρ_s'	8.27
	ρ_t''	8.10	ρ_s''	8.04
Œil gauche :	ρ_n''	9.74	ρ_i''	8.06
	ρ_n'	8.78	ρ_i'	7.98
	ρ^0	8.44	ρ^0	7.69
	ρ_t'	8.61	ρ_s'	7.85
	ρ_t''	8.77	ρ_s''	7.63

Un coup d'œil jeté sur ces chiffres nous apprend que la cornée gauche a, au milieu de la section verticale, un rayon de courbure beaucoup plus petit qu'au milieu de l'horizontale, tandis que pour l'œil droit ces rayons sont égaux l'un à l'autre dans les deux directions. La vision correspond à ces données, c'est-à-dire qu'elle est parfaite pour l'œil droit et n'est pour l'œil gauche que $\frac{1}{10}$; les grosses lettres qu'il voit encore, quoique sur un même alignement, ne paraissent pas être régulièrement placées sur une même ligne droite. La courbure de la cornée est, en outre, très irrégulière dans les deux yeux : d'abord le rayon à 20° au-dessus de la ligne visuelle est plus petit encore que dans cette ligne ; c'est là une anomalie que je n'avais jusque-là jamais rencontrée ni sur des yeux sains, ni sur des astigmatiques ; ensuite on voit que, dans le méridien horizontal de l'œil droit, le rayon de courbure du côté de la tempe reste le même sur une grande étendue. Il est évident que, d'après ces données, on ne peut pas, par le calcul, obtenir des ellipses. Il est également remarquable que la forme de l'astigmatisme de l'œil gauche correspond tout à fait à l'astigmatisme des deux yeux du frère. Il s'agit ici d'un astigmatisme hypermétropique, probablement avec hypermétropie dans les deux méridiens. Lors même que sans verre le point lumineux apparaît comme la ligne horizontale la plus fine et avec $\frac{1}{8}$ comme la plus fine verticale, on peut s'attendre à avoir besoin, après la mydriase artificielle, d'un léger verre positif pour faire voir la ligne horizontale la plus étroite, et d'un verre plus fort que $\frac{1}{8}$ pour la verticale. La direction des méridiens principaux, et même la forme particulière des images de dispersion correspondent dans les deux cas, de telle sorte que même l'astigmatisme irrégulier ne diffère pas sensiblement.

A titre de comparaison, nous avons mesuré sur l'œil droit et sur le gauche de cette personne les points les plus rapprochés de la vision distincte, au moyen des fils verticaux et horizontaux de l'optomètre : pour l'œil droit, ces distances respectives étaient 9 $\frac{1}{8}''$ et 6 $\frac{1}{6}''$; avec des verres de $\frac{1}{5}$, = 3 $\frac{1}{5}''$ et 3 $\frac{1}{12}''$; pour l'œil gauche, avec $\frac{1}{5}$ = 8″ et 3 $\frac{1}{4}''$. L'exactitude avec laquelle ces distances furent indiquées ne laissait rien à désirer ; ces chiffres répondent évidemment à la différence de l'asymétrie, et il en résulte même que dans les méridiens verticaux, les deux yeux ne différaient pas beauçoup l'un de l'autre. La grande distance du point le plus éloigné de la vision distincte permet à peine de douter que l'œil droit n'ait encore quelque hypermétropie latente même dans le méridien vertical (1).

Un verre cylindrique de $\frac{1}{12}$ c corrigeait presque complétement les troubles visuels de l'œil gauche, et par contre, un verre de $-\frac{1}{11}$ c (l'axe maintenu dans la direction opposée) produisait sur l'œil droit un effet correspondant assez exactement à l'état de l'œil gauche. Les essais faits dans ce but étaient assez remarquables. En particulier, lorsque sur chacun des deux yeux l'on corrigeait ou produisait alternativement l'astigmatisme, les changements dans la forme des objets et dans la netteté des lignes de directions opposées étaient aussi satisfaisants pour nous qu'ils surprenaient le malade. Ce que nous avons dit plus haut au sujet de la grandeur apparente des diverses dimensions d'un carré après et avant la correction de l'astigmatisme, se trouva parfaitement confirmé dans ce cas.

J'eus de nouveau l'occasion, il y a peu de temps, d'examiner M. R... cadet, et je notai ce qui suit :

A l'image droite, l'emmétrope voit les vaisseaux horizontaux de la rétine de l'œil gauche, en relâchant son accommodation, les vaisseaux verticaux par contre, en faisant un effort considérable ou bien avec des verres de $\frac{1}{10}$. La papille du nerf optique, vue à l'image renversée, est allongée dans le sens de la largeur, ce qui est surtout frappant lorsqu'on la compare avec celle de l'œil droit.

L'examen avec l'appareil sténopéique donna pour le méridien principal vertical $H = \frac{1}{40}$, pour l'horizontal $H = \frac{1}{10}$. En tenant la fente verticalement, la vision à distance augmente de $\frac{1}{10}$ à $\frac{1}{3}$ et un point lumineux éloigné apparaît comme un point. Horizontalement la fente seule n'améliore point la vue, mais en ajoutant $\frac{1}{10}$, celle-ci devient $= \frac{1}{4}$. Le malade préfère tenir la fente à 1″ ou 1 ½″ de l'œil. Avec $\frac{1}{40}$ s $\frown$ $\frac{1}{16}$ s l'acuité de la vision devient environ $= \frac{3}{8}$, avec $\frac{1}{21}$ c environ $\frac{1}{10}$.

(1) Voyez *Amétropie*, p. 85.

3° *Astigmatisme mixte.* — Amh et Ahm. Nous avons mentionné plus haut que la plupart des cas d'astigmatisme myopique et surtout hypermétropique s'écartaient peu de l'astigmatisme simple, la même observation est également vraie pour l'astigmatisme mixte. Ou bien l'on trouve un haut degré de H dans le méridien horizontal avec une faible M dans le vertical, ou bien un haut degré de M dans ce dernier avec une faible H dans l'horizontal. Ce n'est qu'exceptionnellement que les deux méridiens présentent des degrés à peu près égaux. Le cas suivant en est un exemple, quoique le degré de l'asymétrie ne soit point considérable.

SIXIÈME OBSERVATION. — Amh *sur l'œil gauche.* — M. V..., âgé de cinquante-neuf ans, a pour l'œil droit $S = \frac{1}{2}$, pour le gauche $S = \frac{1}{12}$. L'œil *droit* est à peu près emmétropique : il n'est pas sûr que $\frac{1}{60}$ améliore la vue à distance, — $\frac{1}{60}$ est préjudiciable. L'examen avec le point lumineux ne démontre pas la présence d'astigmatisme régulier, mais bien d'un fort astigmatisme irrégulier.

Depuis sa jeunesse, M. V... n'a jamais pu se servir de son œil *gauche*, et cependant il n'y a ni opacités, ni altération organique *in fundo oculi.* Pas d'amélioration par des verres sphériques positifs ou négatifs. Les images réfléchies par la cornée firent supposer l'asymétrie. L'examen ophthalmoscopique en démontra la présence. A l'image droite, en tant qu'emmétrope, je voyais, en faisant quelque effort d'accommodation, les vaisseaux verticaux de la rétine très nettement; les horizontaux, en accommodant, étaient très vagues et ne devenaient pas nets, même en relâchant l'accommodation. J'en conclus : myopie dans le méridien vertical, hypermétropie dans l'horizontal. Au moyen du point lumineux, on reconnut que les méridiens principaux s'éloignaient peu des plans horizontal et vertical; $\frac{1}{45}$ faisait voir la ligne verticale la plus mince, et $-\frac{1}{30}$ la plus mince horizontale. Le diagnostic était donc : astigmatisme mixte $= \frac{1}{18}$ composé de

$$M \frac{1}{30} + H \frac{1}{45}.$$

La courbure de la cornée était plus que suffisante pour l'expliquer : le rayon dans la ligne visuelle était pour le plan horizontal 8.29 mm., pour le vertical, 7.69, ce qui donne un astigmatisme de 1 : 11.67. Comme (du moins par la méthode du point lumineux) l'on ne trouvait que Amh $\frac{1}{18}$, il paraît que le cristallin corrigeait une partie de l'astigmatisme de la cornée.

Comme on devait s'y attendre d'après l'amétropie existant dans les deux méridiens, l'œil gauche voit de loin des lignes verticales un peu mieux que des horizontales. Avec $\frac{1}{45}$ les horizontales sont encore moins distinctes, les verticales par contre très nettes. Au contraire avec $-\frac{1}{30}$ les verticales paraissent diffuses, tandis que les horizontales deviennent nettes. La lentille astigmatique de STOKES, organisée de manière à avoir une action de $2 \times \frac{1}{32} = \frac{1}{16}$, rend tout d'un coup la vision quatre fois meilleure, en l'amenant de $\frac{1}{10}$ à $\frac{2}{5}$. Avec $\frac{1}{18}$ c, combiné avec $-\frac{1}{30}$ s, elle dépasse $\frac{1}{2}$ et devient même ainsi meilleure que sur l'œil droit. — Pour la vision à distance je prescrivis pour l'œil droit un verre plan, et pour le gauche un bicylindrique de $\frac{1}{45}$ c ⌐ $-\frac{1}{30}$ c. Pour le travail, comme la vision n'était pas parfaite, je voulais ramener R à 12″. Cela eut lieu au moyen d'un lentille sphéro-cylindrique de $\frac{1}{20}$ $s \supset \frac{1}{18}$ c; en effet $\frac{1}{20}$ ramena R dans le méridien vertical à $\left(\frac{1}{30} + \frac{1}{20} = \frac{1}{12}\right)$ 12″ et par $\frac{1}{18}$ c on obtenait le même résultat dans l'autre méridien. Pour l'œil droit, j'ordonnai simplement $\frac{1}{12}$ s. Les images étaient à peu près de grandeur égale et la vision binoculaire très agréable. La vision de l'œil gauche était meilleure que celle du droit.

Épicrise. — Malgré le faible degré de H dans le méridien horizontal, je classai ce cas dans la catégorie de l'astigmatisme mixte. Je crus devoir le faire par le fait que le malade ne pouvait point surmonter cette hypermétropie et cela à cause de sa petite latitude de l'accommodation tout à fait en rapport avec son âge. Ici il était donc nécessaire de la corriger, mais même chez de jeunes personnes cela aurait été avantageux, car la vision aurait, avec $-\frac{1}{18}\,c$, été nette à distance et même la lecture n'aurait point été difficile.

La vision de l'œil gauche était très imparfaite relativement au degré de l'astigmatisme. On serait tenté d'attribuer ces troubles considérables au fait particulier que le degré de l'astigmatisme était la résultante d'une double asymétrie, d'une considérable de la cornée et d'une du cristallin moins considérable, mais agissant en sens contraire; toutefois, si cette supposition était exacte, on n'aurait pas, il me semble, obtenu au moyen des verres cylindriques, l'amélioration considérable que nous avons signalée. Il est, en effet, extraordinaire que la vision augmente tout à coup de $-\frac{1}{10}$ à environ $\frac{1}{2}$. — Je ne m'explique pas non plus les imperfections de la vue de l'œil droit. Il est vrai que, à l'âge de cinquante-neuf ans, une vue parfaite est une exception, toutefois il est rare qu'elle baisse jusqu'à $\frac{1}{2}$ sans altération anatomique appréciable. En outre, l'on observe toujours que, lorsqu'un œil est affecté d'astigmatisme, la vision de cet œil est toujours inférieure à celle de l'autre œil, malgré la correction la plus parfaite. Ici le contraire avait lieu. Je suis, en conséquence, très disposé à admettre que l'œil droit était également affecté d'astigmatisme, et cela à un degré qui nuisait à la vue. Des données exactes me manquent sur ce point; les rayons de courbures de la cornée n'ont pas non plus été mesurés.

Les lunettes destinées à la vision à distance ne pouvaient pas être d'un grand avantage à notre malade, parce que leur poids le gênait; cependant, s'il le désirait, on pouvait sans inconvénient lui permettre de les porter. Les lunettes pour la vision rapprochée avaient une tout autre importance. Sans même tenir compte des avantages de la vision stéréoscopique, la lecture avec les deux yeux est beaucoup plus agréable et, lorsque l'acuité des deux n'est pas parfaite (si toutefois cela ne tient pas à des opacités), plus facile qu'avec un seul œil ; la netteté de la vision y gagne même sensiblement. Pour distinguer de petits objets, on pourrait encore permettre des lunettes plus fortes ; pour cela il faudrait, dans la combinaison du verre sphéro-cylindrique, conserver $\frac{1}{12}$ *c* comme valeur constante et n'augmenter que $\frac{1}{20}$ *s*.

B. Nous avons vu que, lorsque la cornée est déjà par elle-même la cause d'un degré anormal d'astigmatisme congénital, le cristallin pouvait ou l'augmenter ou le diminuer. Celui de la cornée reste toutefois prédominant dans le dernier cas ; dans le premier, l'action du cristallin est plus faible et doit, par conséquent, être considérée comme accessoire. Quelquefois cependant l'on peut dire, en opposition à ce qui précède, que le degré anormal d'astigmatisme régulier dépend du cristallin et plus particulièrement de sa position anormale. Cet état peut d'abord être congénital. De nombreux cas ont été observés dans lesquels le cristallin était si excentrique, que l'équateur passait dans le milieu du champ pupillaire laissant ainsi une portion de la pupille sans cristallin. Il en résultait un astigmatisme très incommode, mais un astigmatisme irrégulier que les verres cylindriques ne corrigeraient nullement (1). Cependant on rencontre quelquefois d'autres cas, dans lesquels le déplacement du cristallin est si faible qu'il occupe encore tout le champ pupillaire, mais avec une position assez excentrique pour qu'il en résulte un degré

(1) Voyez *Amétropie*, p. 122 et 123. On y verra que le meilleur moyen de corriger la vue est de neutraliser, avec des verres positifs, l'hypermétropie existant dans la portion de la pupille où le cristallin fait défaut. On peut en outre rendre opaque une partie du verre de la lunette, afin d'intercepter ainsi les rayons qui devraient traverser le cristallin.

considérable d'un astigmatisme assez régulier. Il y a environ deux ans, avant que j'aie étudié avec l'exactitude nécessaire les troubles fonctionnels dépendants de l'asymétrie, j'ai observé un cas de cette nature. Je communiquerai simplement ici les notes que j'avais recueillies alors.

SEPTIÈME OBSERVATION. — *Astigmatisme par suite d'une position excentrique et congénitale du cristallin.* — Jacob D..., âgé de vingt ans, se présenta chez moi le 24 avril 1860. Il avait une myopie $= \frac{1}{4}$ sur les deux yeux ; $S = \frac{1}{2}$ pour le gauche, $S = \frac{1}{4}$ pour le droit. En tenant le verre négatif obliquement devant l'œil droit, on obtenait une acuité presque $= \frac{1}{2}$. Axe visuel allongé, yeux gros. Pas d'atrophie de la choroïde ni dans un œil, ni dans l'autre, mais dans l'œil gauche une tache blanchâtre, à contours irréguliers, et qui cache les vaisseaux rétiniens, plus petite que la papille du nerf optique au-dessous de laquelle elle se trouve. Chambres antérieures peu profondes ; à côté de cela une très forte iridodénose, surtout à la partie inférieure de l'iris; mouvements réflexes intacts ; peu de changement dans la forme des pupilles pendant l'accommodation. La latitude totale de l'accommodation de l'œil gauche $= \frac{1}{8\ 2/3}$; toutefois $-\frac{1}{3\ 1/2}$, placé à $\frac{1}{2}''$ du point nodal, neutralise la myopie ; alors, R étant $= \infty$, le point le plus rapproché est pour l'œil gauche à 17''.

Au moyen du sulfate d'atropine, les pupilles arrivent à un diamètre apparent de $8\frac{1}{2}$ mm. L'iridodénose persiste malgré cela. On reconnait alors qu'il existe un certain intervalle entre l'iris (fortement poussé en avant) et le cristallin, et que la position de ce dernier organe est excentrique. En examinant à l'ophthalmoscope on constate, vers le côté externe, un bord rouge étroit et falciforme autour de l'équateur du cristallin ; ce bord lumineux devient plus large, lorsqu'on regarde dans l'œil un peu de dedans en dehors ; mais si l'on va encore plus en dedans, il devient rapidement plus étroit et disparaît même complétement dans l'œil droit. Le bord extérieur du cristallin déplacé en haut et en dedans était donc évidemment, surtout sur l'œil droit, situé plus en avant que le bord supérieur et interne. L'image réfléchie par la surface antérieure du cristallin est très faible sur les deux yeux et difficile à voir, très rapprochée de celle réfléchie par la cornée, et elle exécute des mouvements plus étendus que cette dernière, lorsqu'on fait mouvoir la lumière. L'image réfléchie par la surface postérieure du cristallin est beaucoup plus éloignée et considérablement au-dessus de l'image cornéenne. Lorsque, avec le phakoïdoscope (1), on regardait l'œil gauche du côté externe et sous un angle de 30° avec la ligne visuelle, tandis que la lampe était située sur la ligne qui, de l'autre côté, faisait avec la ligne visuelle un angle de 30°, la distance entre l'image réfléchie par la cornée et l'image postérieure du cristallin était $= 3 \frac{1}{3}$ mm., et la ligne qui réunissait ces images faisait un angle de 35° avec le plan horizontal dans lequel se trouvaient la ligne visuelle, la lumière et l'œil observateur.

A l'examen ophthalmoscopique, à l'image renversée, et en faisant avec la lentille objective les mouvements habituels, on voit dans l'œil droit que les vaisseaux, au-dessus et au-dessous de la papille, exécutent un mouvement parallactique très considérable (mais dont la direction, par rapport au mouvement du cristallin, n'a pas été notée), tandis qu'il est à peine sensible dans l'œil gauche.

Les cornées, mesurées dans un plan mené horizontalement par la ligne visuelle, ρ^0 étant dans la ligne visuelle, $\rho n'$ et $\rho n''$ à 11° 23′ et 22° 46′ du côté du nez, $\rho t'$ et $\rho t''$ à 11° 23′ et 22° 46′ du côté des tempes, donnèrent les résultats suivants (les chiffres sont la moyenne de quatre observations) :

	OEil droit.	*OEil gauche.*
$\rho n''$	8.70	8.87
$\rho n'$	8.16	8.16
ρ^0	8.14	8.10
$\rho t'$	8.21	8.17
$\rho t''$	8.61	8.50

(1) Voyez la méthode dans *Nederl. Lancet*, 8e série, t. III, p. 342.

Nous en concluons que les cornées ont un grand rayon, que la courbure ellipsoïdique dans le plan horizontal est très régulière et possède une faible excentricité, enfin que l'axe de la cornée et la ligne visuelle coïncident à peu près.

Epicrise. — Je désire seulement constater d'une manière précise que le cristallin avait, surtout dans l'œil droit, une position oblique telle que son axe devait dévier sensiblement de celui de la cornée, puis, qu'en outre, il existait dans l'acuité de la vision une diminution que l'on pouvait corriger en donnant une position oblique à la lentille de $-\frac{1}{3\ 1/2}$ qui neutralisait la myopie. Il y avait donc astigmatisme. Et, quoique nous regrettions vivement qu'on n'ait noté ni la direction, ni le degré d'inclinaison de la lentille négative et que, par conséquent, le degré et la direction de l'astigmatisme existant et corrigé de la sorte nous soient inconnus, quoique aussi nous eussions désiré connaître le rayon de courbure de la cornée dans le plan horizontal, toutefois nous croyons être en droit d'attribuer l'astigmatisme constaté à la position oblique du cristallin. L'existence de cette catégorie d'astigmatisme est par là démontrée et cela suffit pour le moment. — Les divers résultats des mensurations que nous avons communiqués, pourront plus tard être utilisés pour des calculs lorsqu'on jugera désirable de comparer entre eux un plus grand nombre de cas pareils.

Nous ajouterons encore que trois frères plus âgés, et une sœur de ce malade, ont des yeux normaux, tandis qu'un frère cadet et probablement aussi sa mère présentent la même affection.

II. *Astigmatisme régulier acquis.*

A. *Dépendant de la cornée.* — Dans les chapitres précédents, nous avons à peine fait mention de l'astigmatisme acquis. Je dois avouer que jusqu'à il y a peu de temps, je le considérais comme moins important. En effet, il est très rare qu'il dépende d'une luxation partielle du cristallin, et, lorsqu'il est causé par la cornée, on devrait s'attendre à rencontrer un astigmatisme irrégulier. Je supposai donc a priori que des verres cylindriques n'amélioreraient point la vue ou du moins bien peu, mais dans plusieurs cas l'expérience a démontré le contraire. Dans un cas de leucome central de la cornée, je pratiquai une iridectomie et j'obtins une pupille bien formée, recevant des rayons régulièrement réfractés par la cornée sauf dans le milieu où la lumière était un peu diffuse. Malgré cela, la vision était très imparfaite : l'œil, hypermétrope de $\frac{1}{30}$, ne pouvait pas, même avec $\frac{1}{10}$, lire n° VI. Les lettres avaient une forme étrange; elles étaient allongées irrégulièrement dans une direction oblique. A l'examen ophthalmoscopique les mouvements de la lentille objective semblaient produire une parallaxe considérable. J'essayai de combiner un verre sphérique avec un cylindrique et la vision devint presque deux fois meilleure. La lecture d'un caractère ordinaire était maintenant possible. Ces faits sont assez compréhensibles a posteriori. L'astigmatisme existant était un mélange d'astigmatisme régulier et irrégulier et après la correction du premier, l'irrégulier occasionnait des troubles moins considérables. Je suis convaincu que dans bien des cas où l'on a pratiqué une iridectomie ou une iridésis à cause d'une opacité de la cornée, on pourra encore obtenir un avantage sensible de l'emploi de verres cylindriques. On essayera simplement si un verre cylindrique d'environ $\frac{1}{30}$ c, tourné en rond devant l'œil, n'augmente et ne diminue pas alternativement la netteté de la vision ; et lorsqu'une fois on aura trouvé de la sorte la direction voulue, on recherchera seulement à quel numéro de verres cylindriques on donnera la préférence. Les méthodes plus indirectes décrites plus haut atteignent ici moins facilement le but désiré.

De même, lorsque aucune indication n'exigeait l'iridectomie, les verres cylindriques furent quelquefois très utiles pour des modifications acquises de la forme de la cornée.

HUITIÈME OBSERVATION.—Mademoiselle Kr..., jeune fille de quatorze ans, a, il y a quelques années, perdu l'œil gauche à la suite d'ulcères perforants de la cornée avec atrophie consécutive. L'œil droit également présente en bas et en dedans un prolapsus de l'iris et une cicatrice résultant d'une perte de substance. La pupille est allongée en bas et en dedans, mais du reste intacte, et l'œil ne reçoit que très peu de lumière diffuse. L'acuité de la vision laisse, en outre, beaucoup à désirer, et on l'améliore à peine en interceptant la lumière diffuse. Il existe, en outre, un haut degré de myopie qui semble accompagné d'amblyopie. Supposant que la forme de la cornée pouvait être la cause de la diminution de la vision, je l'examinai et trouvai vraiment qu'un point lumineux prenait avec $-\frac{1}{5}$ la forme d'une ligne oblique et debout, avec $\frac{1}{6}$, un peu plus éloigné de l'œil, d'une ligne oblique couchée. La fente, tenue dans l'une ou l'autre direction, augmentait très sensiblement la netteté de la vue. Avec $-\frac{1}{30}$ c, mademoiselle Kr... pouvait travailler à un ouvrage fin, ce qui était tout à fait impossible sans les verres cylindriques.

Je me permettrai de décrire avec plus de détails le cas suivant qui est à coup sûr extrêmement rare.

NEUVIÈME OBSERVATION.—*Astigmatisme de la cornée régulier et acquis.*—J. F..., brigadier, âgé de trente et un ans, se plaint que sa vue a baissé de plus en plus depuis un ou deux ans, sans que toutefois elle ait jamais été parfaite. Les cornées présentent, surtout à l'éclairage focal, un nuage léger et général, reste d'une inflammation purulente qui s'est déclarée trois jours après la naissance;

en outre, des taches périphériques empêchent de déterminer sur l'œil droit la limite entre la cornée et la sclérotique ; enfin l'on voit encore sur le milieu de la surface antérieure du cristallin un petit point blanc nettement limité et qui ne fait point saillie hors du plan de cette surface. Tout cela ne l'avait pourtant pas empêché d'entrer au service. Cependant sa vue avait baissé depuis jusqu'à $\frac{1}{10}$ sur l'œil droit et $\frac{1}{5}$ sur le gauche, et il n'était plus à même de s'acquitter consciencieusement de ses devoirs.

Le nuage de la cornée n'expliquait point suffisamment les défectuosités de la vue. Puis, cette dernière avait encore baissé de plus en plus sans nouvelle affection inflammatoire. Nous pensâmes que la courbure de la cornée n'était point normale, et l'examen ophthalmométrique confirma de tous points cette supposition. Voici les résultats obtenus :

	En H.	En V.
Œil droit :	$\rho n'' = 9.64$	$\rho i'' = 9.69$
	$\rho^{o} = 8.72$	$\rho^{o} = 7.13$
	$\rho t'' = 7.77$	$\rho s'' = 7.38$
Œil gauche :	$\rho n'' = 10.97$	$\rho i'' = 7.59$
	$\rho^{o} = 8.40$	$\rho^{o} = 7.25$
	$\rho t'' = 8.45$	$\rho s'' = 7.17$

Le rayon de courbure dans le plan horizontal est donc beaucoup plus grand que dans le vertical. C'est pourquoi, malgré toutes les irrégularités que présentait la courbure de la cornée, et bien que l'examen avec le point lumineux ne donnât aucun résultat, on pouvait attendre une amélioration de l'usage des verres cylindriques : en effet, avec $\frac{1}{8}c$, le seul verre que je possédais alors, l'acuité de la vision devint déjà $= \frac{1}{8}$. Avec un plus grand choix de verres on aurait sûrement obtenu une amélioration encore plus considérable.

Je regrette de n'avoir pas eu plus tard l'occasion d'examiner de nouveau ce malade d'après des méthodes plus exactes.

Epicrise. — La cause de la courbure anormale de la cornée qui existait dans ce c n'est pas très claire. Mais on peut admettre, avec assez de probabilité, que l'ophthalmie purulente des nouveau-nés avait laissé quelque altération de forme, jointe à une inégale résistance, tant par suite d'une modification de la pression intra-oculaire, que par des variations à peine appréciables dans la nutrition de cet organe, et que cette altération primitive avait augmenté petit à petit.

La courbure était évidemment très irrégulière. Sur les deux yeux, elle est extraordinairement forte dans le plan horizontal au côté temporal et dans la portion supérieure du plan vertical, en partie même plus forte à 20° de la ligne visuelle que dans la ligne visuelle elle-même, lors même que celle-ci passe dans le plan horizontal à 3° 1/2 du centre de la cornée. Mais, nonobstant toutes ces irrégularités, la grande différence entre les méridiens horizontaux et verticaux demeure le fait principal, et c'est pour cela aussi qu'on pouvait attendre une amélioration sensible de l'emploi des verres cylindriques.

Il est curieux que la cornée, si toutefois elle avait primitivement une courbure moyenne, ait maintenant à la fois un rayon plus grand dans le méridien horizontal et un peu plus petit dans le vertical.

J'ai appelé ce cas un cas rare. En effet, lorsque les changements de forme de la cornée sont *acquis*, soit qu'ils proviennent d'une conicité, d'une irrégularité ou d'inégalités dans la surface de cet organe, l'examen ophthalmométrique ne donne généralement aucun résultat, et il faut se laisser guider empiriquement pour juger si les verres cylindriques peuvent, oui ou non, avoir quelque utilité.

B. *Astigmatisme régulier acquis, ayant son siége dans le cristallin.* — L'ectopie du cristallin tant acquise que congénitale (dont nous avons parlé p. 124), peut être la cause d'un astigmatisme régulier. La plupart du temps le cristallin est assez déplacé pour ne plus remplir tout le champ pupillaire, et il en résulte un degré considérable d'astigmatisme irrégulier. Mais lorsque le cristallin prend dans le champ pupillaire une position oblique, alors il doit en résulter de l'astigmatisme régulier susceptible d'être amélioré par des verres cylindriques. Nous en avons un exemple frappant dans le cas suivant :

Dixième observation. — J. S..., âgé de quarante-deux ans, a subi, il y a deux ans et avec un plein succès, l'opération de la cataracte sur l'œil gauche. Environ un an après, une branche d'arbre lui frappa l'œil droit. Jusqu'alors il avait, avec cet œil, vu nettement à distance. Depuis lors, tout lui semblait nuageux. En l'examinant, je constatai un haut degré d'iridodénose, des mouvements oscillatoires dans le cristallin (constatés pendant chaque mouvement un peu fort, tant par les images réfléchies par l'éclairage focal que sur le cristallin lui-même) et en outre une faible myopie. En ajoutant devant l'œil un verre de $-\frac{1}{36}$, le malade prétendait voir aussi bien qu'auparavant. Je ne pus pas constater une obliquité du cristallin. En conséquence, j'envisageais cet état comme une myopie résultant du déchirement de la zonule de Zinn, et je vis dans cette myopie une raison d'admettre l'explication qu'Helmholtz donne du mécanisme de l'accommodation. Chaque mouvement de l'œil faisait osciller le cristallin et les objets oscillaient en même temps. Les mouvements, tout à fait semblables à ceux qu'il voyait avec l'œil opéré, lorsqu'il agitait devant l'œil la lentille positive qui remplaçait le cristallin, étaient par conséquent faciles à expliquer. Il y a quelques mois, ce malade se présenta de nouveau chez moi. La vue de l'œil droit avait sensiblement diminué : même avec ses lunettes, il ne voyait plus nettement à distance. Je supposai que le cristallin, quelque peu luxé, commençait à se troubler. Ce n'était toutefois point le cas ; il était resté parfaitement transparent. Mais je remarquai tout de suite que, depuis le premier examen, la pupille était déviée du côté du nez, à tel point qu'il ne restait de ce côté qu'une bande très étroite de l'iris. Cette portion étroite était plus profondément située que le côté externe, et faisait une saillie convexe en avant : le bord pupillaire est dirigé en arrière ; à partir de là l'iris se voûte en avant, et la portion marginale est de nouveau tellement déviée en arrière qu'elle forme probablement un prolapsus au travers de la zonule déchirée.

Une obliquité du cristallin correspondait à cet état de l'iris. Le cristallin affleurait presque le bord pupillaire du côté temporal ; il devait donc être beaucoup plus profond du côté du nez. Après avoir instillé de l'atropine, la pupille se dilate considérablement en haut, en bas et du côté de la tempe, de telle sorte qu'elle devient plus centrale. En regardant obliquement dans l'œil, on ne parvient nulle part à découvrir le bord du cristallin. Le centre des dessins formés par les stries du cristallin correspond également assez exactement au milieu de la cornée.

L'obliquité du cristallin n'est donc pas accompagnée d'une déviation latérale de cet organe.

L'acuité de la vision n'est environ que de $\frac{3}{8}$. Nous attribuâmes cette diminution à l'obliquité du cristallin, et, par conséquent, à l'astigmatisme. Diverses expériences en donnèrent la preuve. Je n'en communiquerai que quelques-unes : — avec $\frac{1}{12}$ il voit à distance nettement les lignes verticales, avec $-\frac{1}{20}$ les horizontales ; avec $-\frac{1}{36}$ les horizontales sont déjà suffisamment nettes, mais les verticales présentent un reflet qui disparaît presque complétement, lorsqu'on couvre la portion de la pupille située du côté du nez. — Le point lumineux ne prend jamais la forme d'une ligne, mais par contre il est toujours double. Avec $-\frac{1}{24}$ les doubles images sont aussi petites que possible ; avec $-\frac{1}{20}$ elles sont l'une au-dessus de l'autre; avec $-\frac{1}{12}$ à côté l'une de l'autre.

D'après ces expériences, nous avons estimé l'astigmatisme $=\frac{1}{12}-\frac{1}{20}=\frac{1}{30}$.

Epicrise. — Lorsque j'examinai ce cas, je n'avais pas encore de verres cylindriques à ma disposition. On peut toutefois admettre que, avec un verre sphéro-cylindrique de $-\frac{1}{20}s \bigcirc -\frac{1}{30}c$ (axe vertical), R serait devenu $= \infty$ dans tous les méridiens. Un verre pareil serait utile comme lorgnette. Il ne suffirait point pour la vision d'objets rapprochés, parce que la latitude de l'accommodation, encore assez considérable lors du précédent examen, est maintenant presque nulle. Pour la lecture, il faudrait ramener R à 12″ : on l'obtiendrait en plaçant devant l'œil $\frac{1}{30}c$, avec l'axe horizontal.

La cause de l'astigmatisme résidait évidemment et exclusivement dans le cristallin. Les mensurations de la cornée démontraient une symétrie peu commune :

En H.		En V.	
$\rho n''$	8.64	$\rho i''$	8.30
$\rho n'$	7.94	$\rho i'$	7.98
ρ^{o}	7.74	ρ^{o}	7.74
$\rho t'$	7.74	$\rho s'$	7.76
$\rho t''$	8.09	$\rho s''$	8.09

La ligne visuelle passait à 5° en dedans du sommet de la cornée.

Il est remarquable que l'astigmatisme, dépendant d'une obliquité du cristallin, cause de la diplopie, tandis qu'elle n'a jamais été constatée d'une manière si évidente dans les cas dépendant d'une asymétrie de la cornée. C'est surtout en regardant le point lumineux que la diplopie était frappante. Nous devons nous figurer que les secteurs du cristallin formaient quatre images nettement séparées, qui, lors de la vision à l'œil nu, étaient déjà croisées. Avec $-\frac{1}{20}$ les deux images superposées se fusionnaient, avec $-\frac{1}{12}$ les deux latérales. Dans le premier cas, on améliorait la vision en couvrant les portions interne et externe de la pupille ; dans le dernier, en couvrant la supérieure et l'inférieure.

J'ai plusieurs fois, il y a quelques années, eu l'occasion d'observer, surtout chez les myopes, qu'un seul point lumineux formait deux ou trois images, lesquelles étaient situées sur une ligne dans des directions opposées suivant que l'on prenait des verres trop faibles ou trop forts. Dans ces cas-là, aucune ligne n'est vue nettement que celle qui correspond à l'une ou l'autre de ces directions. Il est évident, comme on l'a vu du reste dans les cas ci-dessus, que ces images multiples doivent se couvrir sur cette ligne pour être vues nettement. Je n'ai pas, à cette époque, songé à examiner si l'astigmatisme dépendait d'une obliquité du cristallin ; j'espère en trouver une fois l'occasion.

Je ne m'étendrai pas sur plusieurs points curieux de cette observation. Seulement je ferai remarquer que la myopie semble être le résultat de la rupture de la zonule de Zinn, lors même que la déviation en arrière du cristallin, qui en est la conséquence, aurait dû avoir une action inverse, c'est-à-dire causer de l'hypermétropie. Lors du premier examen, avant que le cristallin ait pris sa position oblique, je n'avais pas constaté d'atrophie de la choroïde, et le malade prétendait voir à distance, avec l'aide d'un verre négatif faible, aussi nettement qu'auparavant. Aujourd'hui l'on voit, au côté externe de la pupille du nerf optique, un petit ménisque atrophique qui, dans tous les cas, parle fortement en faveur de l'existence préalable d'une légère myopie.

IX

HISTORIQUE DE NOS CONNAISSANCES SUR L'ASTIGMATISME.

Dans l'ouvrage justement célèbre de MACKENZIE (1), et mieux encore dans l'excellente édition française de WARTOMONT et TESTELIN (2), nous trouvons rassemblé à peu près

(1) *A practical Treatise on the diseases of the Eye*. London, 1854.
(2) *Traité pratique des maladies de l'œil*, par MACKENZIE. Paris, 1856.

tout ce que la science possédait jusqu'ici sur ce sujet. C'est là que j'ai puisé la plus grande partie de mes connaissances bibliographiques ; quant à ceux des ouvrages originaux que je n'eus pas la facilité de me procurer, mon ami HULKE, à Londres, a bien voulu les consulter pour moi avec la plus grande complaisance et de la manière la plus obligeante, et m'en communiquer des extraits exacts.

Il est curieux que ce ne soit presque exclusivement que les ouvrages anglais qui traitent de ce sujet. Nous avons déjà cité deux noms dont l'Angleterre peut se glorifier : THOMAS YOUNG, qui découvrit l'astigmatisme normal, et l'astronome AIRY qui, le premier, reconnut et décrivit comme une anomalie l'asymétrie de son propre œil.

Nous avons déjà précédemment parlé suffisamment des observations de YOUNG (voy. page 19), en même temps que des autres recherches qui ont trait à l'astigmatisme normal.

Nous devons, par contre, nous occuper plus spécialement du cas d'AIRY (1), qui est décrit d'une manière digne de ce grand maître. Il s'agit d'un haut degré d'astigmatisme myopique composé. D'après sa méthode, AIRY pouvait déterminer le point le plus éloigné de la vision distincte dans les deux méridiens, en même temps que leur direction : dans le méridien vertical (avec une inclinaison de 35°), R était = 3,5″, dans l'horizontal, R = 6″. Il calcula d'après cela le verre nécessaire pour la correction, et indiqua en même temps les raisons pour lesquelles il fallait préférer un verre négatif sphéro-cylindrique à un concave bicylindrique.

(1) *Transactions of the Cambridge philosophical Society*, 1827, t. II, p. 267.

Plusieurs années plus tard, il communiqua de nouveau l'état de son œil (1). Le point le plus éloigné était alors dans le méridien vertical à 4,7″, dans l'horizontal à 8,9″. La myopie avait donc diminué dans les deux méridiens, et l'astigmatisme semblait aussi être devenu moins fort, $\frac{1}{10}$ au lieu de $\frac{1}{8\,1/2}$. Mais Airy suppose lui-même que son point le plus éloigné dans le méridien vertical pourrait bien être un peu plus près que 4,7″, et il est disposé à admettre que son astigmatisme n'a pas varié. Chez un homme comme Airy, nous pouvons admettre qu'il a observé son point le plus éloigné sans modifier son accommodation, autrement nous oserions soupçonner que, dans les observations précédentes, la myopie a été estimée trop considérable dans le méridien vertical par suite de l'effort d'accommodation, qu'il faisait lorsqu'il rapprochait le point lumineux ; alors le reculement, par suite de l'âge, du point le plus éloigné (ce qui, pour un degré pareil de myopie, est à coup sûr une grande rareté), n'aurait été qu'apparent.

Ce n'est, il paraît, qu'à Cambridge que l'on fit quelque attention à l'observation d'Airy. Du moins c'est à Stokes (2) que nous devons la lentille astigmatique pour déterminer le degré de l'astigmatisme, et le docteur Goode (3), qui, le premier, publia plus tard quelques nouveaux cas de cette anomalie, avait terminé ses études à Cambridge. De même qu'Airy, il était lui-même affecté d'astigmatisme, et c'est par le mémoire de ce savant qu'il fut rendu attentif à ce fait.

(1) Id., *ibid.*, 1849, vol. VIII, p. 361.

(2) *The Report of the Bristish Association for the advancement of Science for* 1849, p. 10.

(3) *Monthly Journal of med. Science.* Edinb., 1848, p. 711, et *Transactions of the Cambr. philosoph. Society*, vol. VIII, p. 493.

D'après les modifications compliquées que, selon sa description exacte, subissait un point lumineux à différentes distances de son œil, on peut conclure que l'asymétrie était accompagnée d'un haut degré d'astigmatisme irrégulier. Quant au régulier, les distances de la vision nette dans les deux méridiens étaient à peu près à 6,13 et 25 pouces anglais. L'opticien **Chamblant**, à Paris, lui fabriqua un verre plan-cylindrique dont la courbure cylindrique était taillée avec un rayon concave de 9″. **Goode** dit qu'il voyait avec ce verre aussi nettement de près que de loin.

Dans un second cas, un point lumineux semblait une ligne horizontale à 37 centimètres, sans faire place à une verticale à une distance plus considérable. Les lignes horizontales étaient aussi vues nettement à 37 centimètres et pas au delà; les verticales à aucune distance. Un verre plan-cylindrique avec 2 ½″ pour rayon de la surface convexe cylindrique était trop fort, trop faible avec un rayon de 3″. Un verre concave convexe bicylindrique, à axes croisés avec un rayon de courbure de 7 ½″ pour la surface concave et de 4 ½″ pour la surface convexe doit avoir répondu à son but (?).

Dans un troisième cas, un point lumineux paraissait à 35 centimètres être une ligne transversale et devenait indistinct à une plus grande distance. A la même distance, les lignes horizontales sont vues nettement et un peu plus loin (*at some distance beyond*) une ligne verticale. Une lentille *concave* plan-cylindrique de 16″ de rayon améliore sensiblement la vue.

Goode trouva encore, à l'université de Cambridge, trois messieurs dont l'astigmatisme avait été amélioré sur un œil par l'emploi d'une lentille plan-cylindrique de 12″ de rayon.

Ces observations, bien que nous appréciions hautement les communications faites à leur sujet, démontrent que la méthode d'AIRY était insuffisante pour déterminer exactement le point le plus éloigné dans les deux méridiens, et, par conséquent, le degré de l'astigmatisme. Le siége de l'affection fut également méconnu par GOODE. Même dans les plus hauts degrés d'astigmatisme, il ne put pas constater l'asymétrie de la cornée, et était à cause de cela disposé à en chercher la cause dans le cristallin.

Un cas d'astigmatisme anormal fut, presque en même temps, décrit dans le même journal par HAMILTON(1). Il était accompagné d'une torpeur de la rétine, mais il paraît, sans limitation du champ visuel. L'astigmatisme était caractérisé par la netteté des lignes horizontales, tandis que les verticales n'étaient point distinctes. Si je comprends bien ce cas, les lignes verticales étaient nettes à une plus petite distance, les horizontales à une plus grande, et une lentille plan-concave cylindrique à axe vertical améliorait la vue. Le docteur THOMPSON trouva le diamètre vertical de la cornée un peu plus grand que l'horizontal, et il crut aussi que le méridien horizontal avait une courbure un peu plus forte.

On connaît en outre les cas ajoutés par HAYS à l'édition américaine de l'ouvrage de LAWRENCE (2). La description du premier est un excellent exemple d'un astigmatisme myopique simple. Il s'agit d'un ecclésiastique qui, à l'œil nu, voit nettement les lignes verticales et les horizontales avec un verre concave. Il ne s'était pas aperçu qu'il ne voyait pas également les deux ordres de lignes avant de faire usage d'un

(1) *Monthly Journal*, 1847, p. 891.

(2) Lawrence, *On Diseases of the Eye* edited by J. HAYS. Philadelphie, 1854, p. 669.

verre concave qui produisit la netteté dans le sens inverse. Après une analyse judicieuse de son cas, notre malade finit par conclure qu'il aurait besoin, pour corriger cette anomalie d'un verre sphéroïdique ou cylindrique, mais il n'ose pas décider s'il doit être convexe ou concave. HAYS se contente d'ajouter que l'opticien ALLISTER lui tailla un verre plan-cylindrique (positif ou négatif?) qui améliora sensiblement la vue.

HAYS continue : « Nous avons, dans le courant de l'année » dernière, rencontré trois cas de cette même affection. Le » premier a trait à une jeune dame âgée de seize ans, dont » la vision laissait assez à désirer pour que son éducation » dût en souffrir. Je la conduisis chez M. ALLISTER, et je » reconnus qu'à l'aide d'un fort verre biconcave, l'œil » gauche voyait assez bien, mais que par contre je ne trou- » vais aucun verre, ni convexe ni concave, à l'aide du- » quel l'œil droit pût lire un caractère ordinaire. De deux » lignes noires et de même longueur qui formaient une » croix, la verticale lui paraissait plus longue que l'hori- » zontale. M. ALLISTER lui présenta quelques figures. On » vit alors qu'un cercle avait pour elle la forme d'un ovale » debout, et que toutes les figures étaient allongées dans » le sens vertical et raccourcies dans l'horizontal. Heureu- » sement M. ALLISTER avait sous la main quelques verres » cylindriques plan-concaves, et il fut aisé d'en trouver un » qui rétablissait la forme des objets. On lui donna une paire » de lunettes avec un verre biconcave pour l'œil gauche et » un verre plan-concave cylindrique pour l'œil droit, avec » l'aide desquels chaque œil séparément put lire un carac- » tère ordinaire, et mieux encore les deux ensemble.

» Le second cas est celui d'un monsieur, âgé de cinquante » ans, qui vint me consulter à cause d'une inflammation de

» son bon œil, et qui me déclara que son autre œil avait tou-
» jours été mauvais. En l'examinant, je constatai que cet
» œil était pareil à celui du cas précédent, seulement qu'ici
» les objets paraissaient allongés dans le sens de la largeur. »

A part les cas ci-dessus, la littérature médicale n'en contient qu'un seul autre, observé sur le continent européen. Il fut décrit par le pasteur SCHNYDER, de Menzberg (Suisse, canton de Lucerne), qui découvrit sur lui-même cette anomalie (1). Il était myope pour les lignes verticales, presbyte pour les horizontales. Pour corriger ce défaut, il se servait de verres biconvexes cylindriques combinés à des biconcaves sphériques. Je ne trouve aucune indication sur la distance focale des verres. M. SCHNYDER est arrivé à reconnaître son affection par le seul fait de la différente distance de la vision nette pour des fils verticaux et horizontaux. Pour déterminer les verres nécessaires, il a probablement recherché de quels verres il aurait besoin pour voir nettement à une distance égale les fils tendus dans les deux directions opposées.

J'aurais donc terminé l'historique de nos connaissances sur l'astigmatisme, du moins aucun autre fait n'est parvenu à ma connaissance. Cependant je crois devoir dire encore quelques mots sur la manière de voir ou les suppositions des divers auteurs au sujet du siége de cette affection.

Comme on pouvait l'attendre d'AIRY, il s'est, en l'absence de preuves suffisantes, abstenu de se prononcer au sujet du siége de l'asymétrie. Il ne paraît pas avoir fait d'expériences dans le but d'éclaircir cette question. GOODE, par contre,

(1) *Ann. d'oculistique*, t. XXI, p. 222. Bruxelles, 1849; tiré des *Verhandlungen der Schweizerischen naturforschenden Gesellschaft*, que je n'ai pas pu me procurer.

nous communique que dans un cas d'astigmatisme très considérable il essaya en vain, au moyen de la forme des images réfléchies, de constater une asymétrie particulière de la cornée, et, par conséquent, il déclare incliner plutôt à en placer le siége dans le cristallin.

Dans le cas décrit par HAMILTON, le docteur THOMPSON examina la cornée dont il trouva le diamètre vertical un peu plus grand que l'horizontal « being shaped somewhat irregu» larly, and the diameter projecting slightly upwards and » inwards. » HAMILTON ajoute encore : « Doctor THOMPSON » thought he perceived a somewhat more marked curvature » of the cornea in the transverse diameter (1). » Nous ignorons d'après quelle méthode l'examen a été fait, mais ce résultat nous permet de supposer que la cornée n'était point étrangère à l'asymétrie.

WHARTON JONES (2) et WILDE (3) vont encore plus loin : ils admettent, sans examen ultérieur, que la cause de l'astigmatisme réside vraiment dans la cornée. L'un et l'autre regardent comme un fait démontré que la cornée présente un plus petit rayon de courbure dans le méridien vertical que dans l'horizontal, et ils considèrent le cas d'AIRY (eux-mêmes n'en ont pas observé un seul cas) comme un exemple très fortement accentué de cette différence (4). Je n'ai pas su découvrir où ils ont trouvé les preuves du fait qu'ils avan-

(1) Le docteur THOMPSON crut apercevoir une courbure de la cornée plus marquée dans le diamètre transverse.

(2) *Manual of ophthalmic Medicine and Surgery*, 2e édit. London, 1855, p. 326.

(3) *Dublin quarterly Journal of med.*, vol. XXVIII, p. 105.

(4) Ce que W. JONES (*Cyclopædia of practical Surgery*, art. *Cornea*, p. 832) décrit comme « a case of cylindrical deformation of the cornea, produced by injury », ne se rapporte pas directement à notre sujet.

cent ainsi (1). WHARTON JONES donne son explication pour une simple hypothèse. WILDE, par contre, dit catégoriquement : « It is well known that the cornea is not a » correct surface of revolution, but that the curvature of its » horizontal plane is less than that of its vertical. When » this exceeds the normal extent, is gives rise to irregular » refraction, causing a circle to appear an oval, etc. (2). » WILDE était tellement persuadé de l'exactitude de cette manière de voir qu'il n'hésita pas à remplacer par « *cornée cylindrique* » la dénomination d'*œil cylindrique* adoptée par WHARTON JONES.

(1) Lors des publications de JONES et WILDE, on n'avait, à ma connaissance, mesuré les rayons de courbures dans les méridiens verticaux et horizontaux que sur une seule cornée et cela avait été fait par SENFF (voy. VOLKMANN, art. *Sehen*, p. 271 du *Handwoorterbuch der Physiologie* de WAGNER, 1846). Dans ce cas, on avait trouvé dans le méridien vertical un rayon à peine plus petit. Du reste, les résultats de KNAPP peuvent servir à démontrer combien l'on doit peu se fier à une seule observation, car dans la grande moitié de ses mensurations, il trouve un rayon plus grand dans le méridien vertical. Ce n'est qu'après le grand nombre de mensurations que nous avons faites qu'il est maintenant permis d'affirmer que le plus grand rayon se rencontre généralement dans le méridien horizontal. Il existe cependant un travail que je trouve cité à plusieurs endroits et que je n'ai pu consulter, je veux parler de GERSON, *De forma cornœ* (Gottingen, 1810). MACKENZIE (*l. c.*, p. 926) y emprunte le fait que FISCHER ne voyait pas également nettement des lignes horizontales et verticales. Il y est donc question d'astigmatisme. Cette circonstance, rapprochée du titre de l'ouvrage, fait supposer que GERSON en cherchait le siége dans la cornée. Est-ce peut-être là-dessus que reposaient les assertions de WHARTON JONES et WILDE ? Je ne crois pas qu'on puisse supposer que GERSON ait déterminé exactement la forme de la cornée et encore moins que, si cela eût été le cas, les auteurs postérieurs à lui eussent passé ce fait sous silence.

(2) C'est un fait bien connu que la cornée n'est pas une surface de révolution parfaitement régulière, mais que la courbure du plan horizontal est plus faible que celle du plan vertical. Lorsque cette différence outrepasse les limites normales, il en résulte une réfraction irrégulière qui fait qu'un cercle paraît être un ovale, etc.

Nos recherches ont démontré que, sauf quelques exceptions, Wharton Jones et Wilde avaient découvert la vérité. Mais faut-il leur en faire un mérite? A mon avis, l'observation faite par Young, sur son propre œil, engageait plutôt à placer le siége dans le cristallin, et tant que l'asymétrie de la cornée n'était pas suffisamment démontrée par des mensurations, il était prudent de s'en tenir là. Leur assertion était donc très hasardée, mais on voit que parfois aussi dans la science « *Fortuna juvat audacem* ».

INDICATIONS DES MOYENS DE SE PROCURER LES VERRES CYLINDRIQUES.

Ce n'est pas sans de grandes difficultés que je suis arrivé à me procurer les verres nécessaires.

Aujourd'hui, toutefois, on les trouve chez plusieurs opticiens, entre lesquels nous citerons MM. Paetz et Flohr, à Berlin ; M. Nachet et fils, à Paris.

D'autres ne tarderont pas à suivre cet exemple, et bientôt, nous l'espérons, l'usage des verres cylindriques se généralisera de plus en plus.

Si on les commande chez un opticien, il faudra les demander sous les dénominations françaises, comme dans les exemples indiqués ci-dessous :

$\frac{1}{10}\,c$, *verres cylindriques convexes*, n° 10 (*biconvexes* ou *plans convexes* à volonté).

$-\frac{1}{12}\,c$, *verres cylindriques concaves*, n° 12 (*biconcaves* ou *plans concaves* à volonté).

$\frac{1}{20}\,c \ulcorner -\frac{1}{16}\,c$, *verres bicylindriques concaves-convexes*, n° 20 *convexe* et n° 16 *concave, axes croisés*.

$\frac{1}{16}\,s \asymp \frac{1}{20}\,c$, *verres sphéro-cylindriques convexes*, n° 16 sphérique, et n° 20 cylindrique.

$-\frac{1}{20}\,s \asymp -\frac{1}{30}\,c$, *verres sphéro-cylindriques concaves*, n° 20 sphérique, et n° 30 cylindrique.

FIN.

TABLE DES MATIÈRES.

Paris. — Imprimerie de L. MARTINET, rue Mignon, 2.

www.ingramcontent.com/pod-product-compliance
Ingram Content Group UK Ltd.
Pitfield, Milton Keynes, MK11 3LW, UK
UKHW021118220726
13924UKWH00004B/1784